現代韓国の教育を知る

隣国から未来を学ぶ

松本麻人
石川裕之
田中光晴
出羽孝行
［編著］

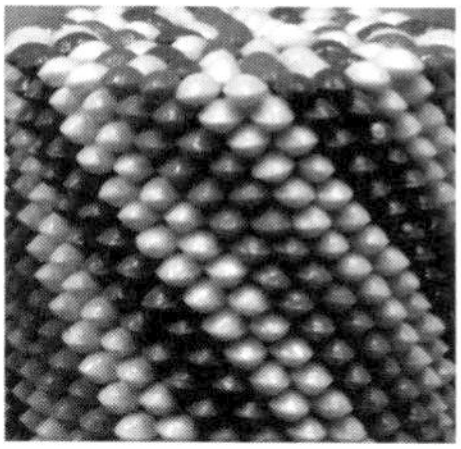

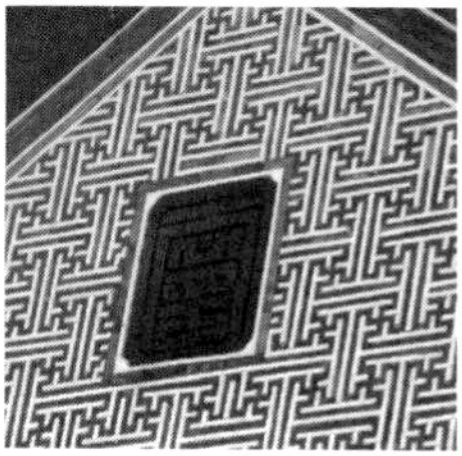

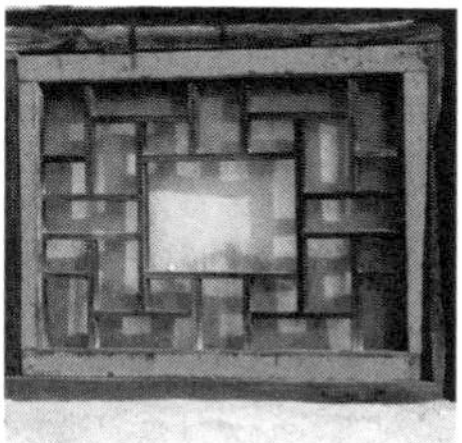

明石書店

はじめに

一九九八年に「日韓共同宣言」が発表されてから二五年、日韓の文化交流は加速度的に進展してきた。この間、政治的な事案などが理由で両国間は何度もギクシャクしたが、市民レベルの交流は途切れることなく、むしろ深みを増してきたと言ってよい。少なくとも文化面では、日韓関係は成熟の域に達しつつあるようにみえる。

それは教育分野も例外ではない。学校間交流を通じた児童生徒間や教職員間の交わり、長短期の留学による相互の大学生の往来は盛んにおこなわれており、双方の教育の共通点や差異を考える機会は増えている。また、交流とは別の文脈でも韓国の教育に対する注目度は高い。学歴社会に裏打ちされた激しい受験競争、増大する教育費と少子化の関係など、メディアが盛んに取り上げることからもわかるように、共通する社会課題から派生する教育問題への関心は日本国内でも広がっている。

このように、韓国の教育に対する関心は決して低くないのだが、実はこれまで韓国の教育について網羅的に解説した概説書に類するものはほとんどなかった。韓国教育を全般的に扱った専門書としては馬越徹の『現代韓国教育研究』（高麗書林 一九八一）がある。出版されてから四〇年以上が過ぎた今も同書で示された韓国教育の本質に迫る鋭く深い洞察は色あせない。しかしながら、ただでさえ急速に変化する韓国の教育の「現在」を伝えるには、同書に記されている内容はあまりにも古くなってしまった。本書は、昨今の韓国教育への高い関心に応えるべく、『現代韓国教育研究』の網羅性を継承しつつ、より多くの読者向けに平易な記述を心がけた韓国教育に関する概説書である。

本書の構成を紹介しよう。第1章は歴史である。植民地の経験や軍事政権下の抑圧など、さまざまな困難のもとでの教育経験、そして現代に至る教育改革の潮流を概観する。第2章では教育行財政に焦点を当てる。特に地方教育行財政の仕組みは、一見日本と似ているようで実際は大きく異なることが読んでいただければわかるだろう。第3章は、初等中等教育段階の特に制度的な側面を扱う。大学入試の厳しさが印象的な韓国で、なぜ初等中等教育段階では受験競争がほとんど話題にならないのかも、この章で明らかにされる。第4章では、児童生徒の学校生活や学校文化を取り上げる。韓国の学校の日常は日本の読者にとっても共感できる部分が多い一方で、いじめや児童生徒の人権をめぐる諸問題など、両国の意識や対応の違いの大きさに気づかされることも多いかもしれない。第5章は高等教育である。大学の制度的な側面だけでなく、大学生活や就職活動事情なども取り上げており、特に同世代の日本の大学生にとっては興味深いのではないだろうか。第6章では、初等中等教育段階の教員に焦点を当てる。教員養成や研修に関する内容のほか、教員の「働き方」、教員を支えるスタッフなど、日本にとって示唆的な内容を多く盛り込んだ。第7章では、多様な教育ニーズや学校外での学びについて取り上げる。特別支援教育や外国につながる児童生徒への支援、オルタナティブ教育、そして成人学習者を対象とする生涯学習など、必ずしも受験一辺倒ではない、多様な文脈での韓国の教育の姿が描かれている。

本書は、韓国教育研究を専門とする日本人研究者によって執筆された。執筆者を日本で活動する研究者にこだわったのは、韓国の外からの視点で記述し、日本との比較を念頭に置くことで、韓国の内側から発信されるものとはまた違う教育の姿を提示することができるのではないかと考えたからである。本書が韓国の教育に対する日本国内の関心に応えると同時に、日韓の教育に関する両国相互の議論の活性化に寄与することができれば望外の喜びである。

執筆者を代表して
松本麻人

現代韓国の教育を知る——隣国から未来を学ぶ◎目次

はじめに　3

第1章　韓国教育の歴史と伝統……13

1　試験に合格して立身出世　14
儒教教育の世界／儒教教育の機関／立身出世への登竜門——科挙

2　抑圧と抵抗のなかの教育——近代化と植民地支配　20
開国と教育の近代化／植民地下の教育／私学の胎動

3　解放された教育熱——植民地支配の終わりと教育の再興　27
米軍政下での教育制度設計／「弘益人間」の理念と学校体系／朝鮮戦争の混乱と復興

4　「漢江の奇跡」を支えた教育　33
政治の混乱と軍事独裁政権の成立／「愛国、愛族、反共」の教育／経済開発下の人材育成

5　民主化への歩みと教育　39
民主化の機運の高まりと教育理念の変容／加速する改革／教育の量的変化

6　ワールドクラスの教育をめざして　45
二一世紀に向かう教育改革／教育の「構造改革」／少子高齢社会を迎えて

コラム　国際統計からみえる韓国教育　52

第2章　教育行政制度

教育行政制度……55

1　教育政策は誰が決める？　56
韓国の教育改革を突き動かすもの／短い任期、強い権限の大統領／教育部と教育部長官／政策決定に大きな影響を及ぼす市民団体と保護者

2　選挙で決まる地方の教育　62
「強い中央集権」対「急速に進む教育の地方自治」／二段階の教育行政システム／教育委員会＝教育専門の議会？／「教育監」＝教育市長が進める大胆な教育改革

3　韓国の「モノ言う」保護者たち　68
戦後の混乱期でも学びを！――学校を支えた保護者（会）／学校の意思決定に関与する保護者――学校運営委員会／学校暴力（いじめ）の解決にも保護者が参加――学校暴力専担機構／ステークホルダーとしての保護者

4　教育に投資する国　74
「教育熱の高い」国／財政の仕組み／教育財政の財源――教育税／初中等教育費は充実、だが高等教育は？

コラム　共通する課題――子どもの貧困、少子化……抜け出す道は？　82

第3章　就学前から高校までの教育……85

1　学校の仕組み　86
日本とほとんど同じ学校システム／中学校入試や高校入試がない？／カリキュラム面で一元化されている就学前教育

2　めざすべき「人間像」とそれを実現するための教育内容　93
教育の究極目標、「弘益人間」とは？／カリキュラム改革を加速しコンピテンシーを持つ人材を育成／どんな教科があるのか――学年群・教科群って？／変わる教科書制度とデジタル教科書のゆくえ

3　子どもの能力・適性や社会のニーズに応じた特別な高校　100
多様な高校はなぜ必要とされるのか？／どんな高校が存在するのか？／ノーベル賞をとるための理数系スーパー・エリート校――英才学校／地域産業をリードする「匠（たくみ）」を育てるための学校――マイスター高校／特別な高校は「高校序列化」の元凶？――不透明なゆくえ

コラム　学校に吹く新しい風――革新学校の挑戦　110

第4章　学校生活・文化……113

1 ある高校生の一日 114
学校生活／放課後／下校後の生活／学校外での生活――B高校でのアンケート結果を中心に
2 ある高校生の一年 120
年間行事／クラブ活動／生徒会活動／生徒指導
3 子どもを取り巻く問題 127
学校暴力／学校暴力予防法をめぐる葛藤／不登校・学業中断率
4 人権親和的学校文化づくり 135
進歩教育監の誕生と京畿道児童・生徒人権条例／京畿道児童・生徒人権条例の内容／児童・生徒人権条例に対する教師の立場／児童・生徒人権条例のその後の展開
5 学校空間 141
教育の根幹を担う学校空間／学校空間革新政策――グリーンスマート未来学校／学校空間改善の意味／学校空間革新実践例――児童・生徒の休息空間の創造
コラム 無償給食 148

第5章 高等教育 …… 151
1 幅広い「大学」――大学と専門大学 152
大学校とイン・ソウル／職業実践的な教育を展開――専門大学／韓国の多様な大学――教育

大学、産業大学、技術大学、遠隔大学／ポリテクと大学院
2　大学に進学するには　158
受験勉強と塾（私教育）／高校生の大学選び／大学入試の仕組みとスケジュール／大学修学能力試験の日／韓国の大学入試で判定しない内容
3　大学での学び　168
大学の講義のしくみ／大学の長期休暇と徴兵制／学費から入学金が消える
4　大学生活とキャリア　174
大学生のアルバイト／サークル活動／大学生の就職活動
コラム　韓国の就職事情　184

第6章　教　師

第6章　教　師……187
1　先生への道は狭き門　188
人気の教職／揺らぐ教職神話／国際調査にみる韓国の教師像
2　先生の「働き方」改革　193
先生の一日／先生の「多忙感」／校務を支える電子システム／勤務管理と残業
3　先生からみた学校文化　197
専門家としての教師／専門的学習共同体／教師の危機

4　学校で働く人々　204
さまざまな資格を持つ教師／学校運営事務に従事する職員／学校を支えるさまざまな「大人たち」
5　教師のキャリアアップ　211
大学院で学ぶ教師／さまざまな研修制度／昇進と報酬／韓国の教師たち
コラム　師匠の日――恩師への感謝を込めて　218

第7章　学びの機会の保障

……221
1　特別なニーズへの対応　222
中学校の特別支援教師の一場面／増加する特別支援教育対象の子どもたち／特別支援教師資格／特別支援教育課程／特別支援教育振興のための法整備／高等教育における障害者の学びの保障
2　学校の多文化化　227
韓国社会の多文化化／韓国の多文化の現況――数字からみた多文化化／国家による多文化教育政策／韓国の多文化教育の実際
3　「普通の学校」では満たされない子どもたちの学び　234
オルタナティブ教育のはじまりと広がり／学びのニーズは公教育の外で満たす？――無認可オルタナティブ・スクールの増加／学校に通わず学ぶ子どもたち――ホームスクーリング

の胎動／どこまで学びの多様性や個別的ニーズを認めるのか？

4　大人の学びを保障する　242

生涯学習の機会／成人の職業教育・訓練／高度専門職業人の養成

コラム　私教育——韓国教育の最大の敵？　250

参考文献・資料　253

韓国の学校系統図　266

おわりに　267

第1章 韓国教育の歴史と伝統

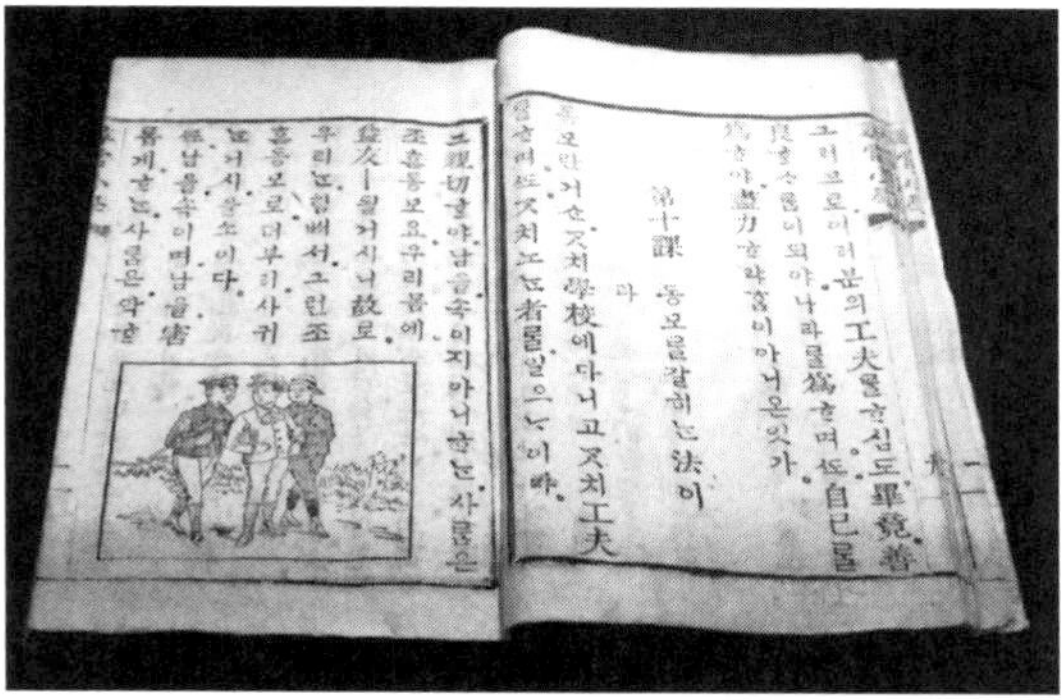

開国期（1896年）の小学校国語教科書。ハングル使用の必要性と各国の情勢を教えるために編纂された。漢字混じりのハングルで書かれている。韓国教員大学教育博物館所蔵。（編著者撮影）

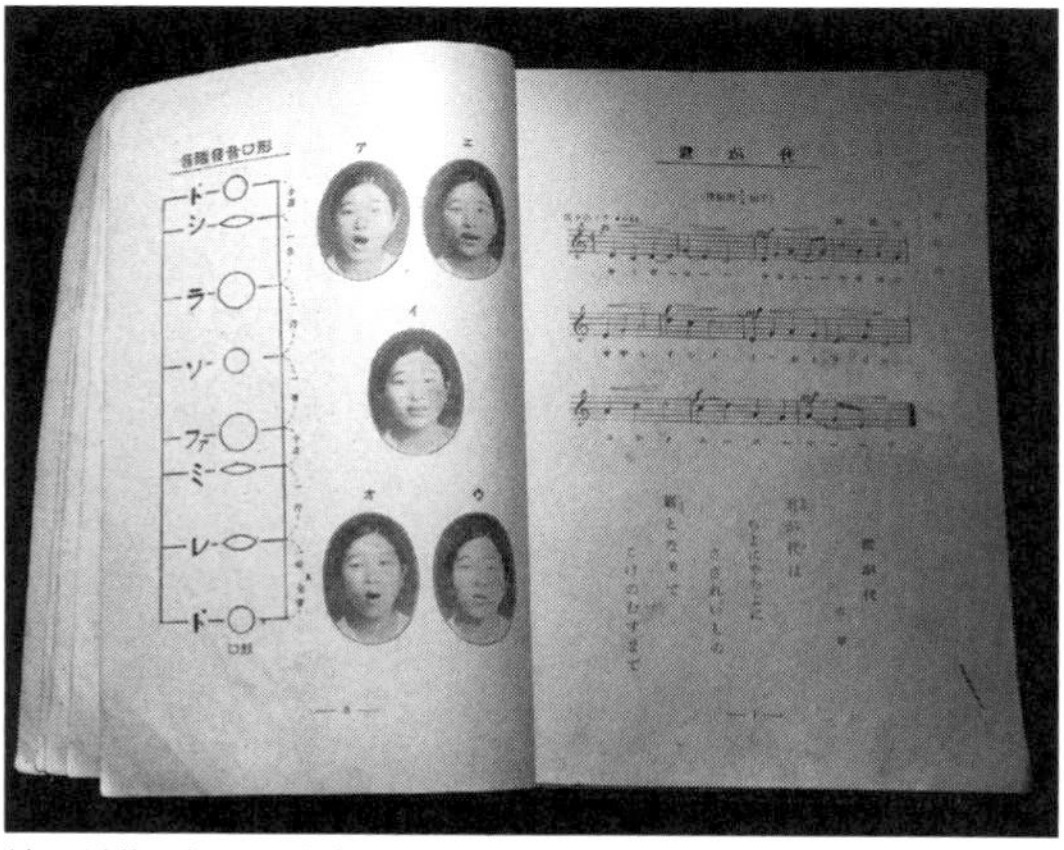

植民地期（1935年）の師範学校の唱歌のテキスト。すべて日本語で書かれている。右側のページは「君が代」。韓国教員大学教育博物館所蔵。（編著者撮影）

1　試験に合格して立身出世

儒教教育の世界

儒教と聞いて、みなさんは何を思い浮かべるだろうか。親や年長者に対する敬い、祖先の尊重、厳しい礼儀などであろうか。一三九二年に朝鮮（李氏朝鮮）を建国した李成桂は、国の運営理念としてこの儒教を根幹に据えた。以降、儒教は約五〇〇年にわたって朝鮮の政治や社会、文化を律する原理として君臨した。もちろん教育も、儒教によってそのすべてが規定されていた。では、この儒教教育とはどのようなものだったのだろうか。

儒教教育の理念は、「修己治人（しゅうこちじん）」と表現される。「己（おのれ）を修める」、すなわち学問を修めて徳を身につけることが求められる。こうして人格の完成がめざされるのだが、それで終わりではない。「人を治める」、すなわち身につけた徳をもって人々を感化するとともに、礼をもって人々に接してこそ儒教が追い求める「君子」へと到達する。儒教教育は、こうした全人的な教育を理念としている。

それでは、朝鮮における儒教教育は、どこでどのようにおこなわれていたのか。現代の学校教育制度と同じ文脈で語ることは必ずしも適切ではないかもしれないが、あえて言うならば、李氏朝鮮時代の教育機関も初等レベル、中等レベル、高等レベルの三つの段階に分けることができる。初等レベルでは書堂、中等では四学と郷校そして書院、高等では成均館といった教育機関が置かれていた。それぞれの教育機関について、少し詳しくみてみよう。

儒教教育の機関

初等レベルの教育は、民間の機関である書堂でおこなわれた。書堂では、主に八、九歳以降の子どもを対象に、主に漢文の読解力や儒教の初歩的な知識を育むための教育がおこなわれた。漢文の素読や作文、習字などがおこなわれ、教材では漢文入門のための「千字文」や、「明心宝鑑」といった漢文書が用いられた。日本の寺子屋に類似する教育機関として紹介されることもあるが、寺子屋では漢文のほかにも算数や書状作成など実生活で役に立つ実用的な学習もおこなわれていたのに対し、書堂ではあくまでも漢文の素養と儒教思想に基づく倫理道徳の習得をめざした教育が徹底された。

中等レベルの教育機関には、四学、郷校、書院の三つの教育機関があった。ただし、それぞれの教育内容が大きく異なっていたわけではない。いずれも四書（『大学』『中庸』『論語』『孟子』）五経（『易経』『詩経』『書経』『春秋』『礼記』）など中国の古典を教材に儒教教育をおこなっていた。大きな違いは、設置主体あるいは設置場所にあった。まず、四学と郷校が官立の機関であったのに対し、書院は民間の機関であった。現代で言えば、公立学校と私立学校という違いとなる。また、四学と郷校の違いは設置された場所である。四学は首都すなわち漢城（現代のソウル市）に置かれ、文字どおり四つの教育機関（東学、西学、南学、中学）の総称である。それぞれ定員は一〇〇名であったとされる。

中央に置かれた四学に対し、郷校は地方に置かれた教育機関であった。当時の行政区分である州、府、郡、県のそれぞれに一校ずつ置かれ、中央から教官が派遣されていた。郷校の特徴としては、後述する成均館と同様に、教育のほかに祭祀を担っていたことがあげられる。郷校内の建物の構成をみると、門から入って正面に儒生たちが勉学に励む場である明倫堂があり、その左右には儒生たちの寄宿所である東斎と西斎が配されている。そして、明倫堂の背後に置かれているのが、孔子やその弟子など聖賢を祀る大成殿である。郷校では春と秋の年に二回の祭祀がおこなわれるなど、地域の文化的な側面でも重要な機能を持っていた。書院は、前述のように民間の機関で、ひとつの道（都道府県に相当）あたり八〇〜九〇ほど設置されていたとされる。なかには、郷校よりも有力で王家から土地が与えら

写真1-1　陽川郷校址。儒教の神聖な場所に立てられた紅箭門で、郷校や書院の入り口に設置された。（筆者撮影）

写真1-2　陽川郷校内の写真で、正面に明倫堂が設置されている。右の建物は東斎、左は西斎である。かつては京畿道金浦郡陽東面加陽里に所在した地方の郷校であったが、1963年に加陽里がソウル市に編入されたため、現在の住所はソウル市内である。（筆者撮影）

れるなど、恵まれた書院もあった。民間機関といえども、政府から一定の経済的優遇を受けていた書院もまた、地方の儒教教育体制を支える重要な機関であった。

そして、儒教教育体制の最高学府に位置づけられるのが、成均館である。一三九八年に漢城に設置された成均館には、明倫堂や東西両斎、大成殿、尊経閣などが置かれていた。先にみたように、各地の郷校は、中央の成均館に倣った建物の構成だったのである。成均館に入るためには生員や進士といった資格の試験に合格しなければならなかった。後述するように、生員や進士の試験も科挙の一種である。定員は当初二〇〇人であったが、王朝末期には財政難などもあって一〇〇人に減少した。教育内容は、他の下級教育機関と同様に、儒学一辺倒であったことは言うまでもない。四書五経などが中心的に教授されたほか、中国の歴史や文学なども教育内容に含められていた。

このように、儒教体制下においては、初等レベルから高等レベルにいたるまで、中央の成均館をトップとする段階的な教育機関が整備されていた。その教育の最終的な目的には、ひとつには「修己治人」という全人的な成長があったことはすでに述べたとおりだが、もうひとつ重要なものがあった。科挙試験の合格である。

立身出世への登竜門――科挙

よく知られているように、科挙は中央政庁の役人を登用するための試験である。受験機会はすべての国民に開かれ、全国から優秀な人材を集めることが意図されていた。試験の内容は儒教の教義に関するものであり、深く幅広い知識が求められ、受験者間での熾烈な競争が繰り返された。非常に難関な試験だったのである。

科挙は、文科や武科、雑科、進士試・生員試といったいくつかの試験に分けられる。文科は文官を選抜するための試験、武科は武官を選抜する試験である。いずれも三年に一度おこなわれたが、臨時におこなわれることも少なくなかった。文科の試験は三段階にわたっておこなわれた。最初の「初試」は全国でおこなわれ、二四〇人が選抜された。第二段階の「覆試（会試）」と第三段階の「殿試」は漢城でおこなわれ、特に官吏としての品階を決定する殿試は国王臨席のもとでおこなわれた。朝鮮社会においては文科合格者が最も重視されたが、現代韓国の伝統的な文系人気はこれを引き継いでいるのかもしれない（もっとも、高度経済成長期以降は政府主導で理工系分野が重視されたが）。雑科はいわゆる専門官の選抜試験で、訳科や医科、陰陽科、律科の四種類に分けられた。訳科とは外国語の通訳官の選抜試験、陰陽科は天文や風水の担当官、律科は司法や刑罰に係る担当官の選抜試験であった。進士試と生員試は、成均館への入学資格を得るための試験であり、文科と武科の予備的な性格を持っていた。なお、漢城の成均館や四学、地方の郷校の成績優秀者は、科挙試験の一部が免除されるという特典があった。成均館でおこなわれる試験で成績優秀だった者は、初試を免除され覆試に進むことができた。同様に、四学や郷校の試験の成績優秀者は、成均館に入るための進士・生員試の初試を免除されて覆試に進むことができた。進士・生員試は殿試がないので、一気に最終段階の試験に臨むことができたことを意味する。こうした各種特典をめぐって、熾烈な「受験競争」は各教育機関の段階から始まっていたのである。

科挙ではどのような内容の試験が課されたのだろうか。文科の初試では五経義（五経に関する解

写真1-3　国王の面前で行われる殿試の様子のジオラマ。左は文科、右は武科。ソウル教育博物館所蔵。（筆者撮影）

釈）や四書疑（四書の疑義に関する論述）、賦・頌・銘・箴・記・表・箋（中国古典の文体）などの筆記・論述試験、覆試では四書三経の口述試験や初試と同様の中国古典の文体など、殿試では表・箋・箴・頌・制・詔（中国古典の文体）の筆記・論述試験がおこなわれた。武科では、経書の説明（講書）のほかに、武芸が課された。武官の選抜試験であるから、当然であろう。武芸の試験では、木箭（二四〇歩の距離から行射。一歩は約一・二メートル）、鉄箭（八〇歩の距離から六両の重さの矢を射る）、片箭（一三〇歩の距離から行射）、騎射、騎槍などがあった。壬辰倭乱（日本では「文禄・慶長の役」と呼ばれる）の後は、鉄砲の試験が必須化したという。

さて、厳しい試験を不正な行為で切り抜けようと試みる者が現れるのは、いつの時代もどの場所でも同じようである。科挙でも不正行為は後を絶たなかった。不正の手口は、カンニングペーパーの持ち込みや替え玉、試験問題の不正入手、試験官や関係者の買収などさまざまであった。カンニングペーパーを鼻の穴に入れて持ち込む行為には「義盈庫（ぎようこ）」という呼称までつけられており、ポピュラーな不正行為であったことがうかがえる。これら不正をおこなった者に対しては、数年間の受験資格剥奪や杖打ち、懲役など厳しい罰が科された。

このように、厳しい競争を通して優秀な人材の選抜機能を果たした科挙であったが、そこで判別される「優秀さ」とは、あくまでも儒教体制下で通用するものであった。やがて近代化の波に直面すると、科挙を含む儒教体制あるいは儒教教育体制は新たな時代に対応する自己変容に失敗し、近代教育へと発展する道を閉ざすこととなった。

2　抑圧と抵抗のなかの教育——近代化と植民地支配

開国と教育の近代化

儒教を国づくりの根幹に据えた朝鮮は、一六四四年に明朝が滅んだ後も自らを「小中華」と位置づけ、正当な儒教国家としての地位の維持に努めてきた。諸外国との通商を拒絶した長きにわたる鎖国体制も、そうした自らの文化的な優位性の主張に立脚していたと言えるだろう。しかし、鎖国は一八七六年の日朝修好条規により終わりを告げ、以降、朝鮮は東洋での利権をめぐる列強間の争いに巻き込まれていった。

一八九四年から一八九五年にかけて取り組まれた近代化改革である甲午改革の対象は、政治や経済、社会制度、そして教育へと幅広く及んだ。四学や郷校など従来の儒教教育機関は廃され、各種の学校制度の整備が着手された。まず、近代国家の構成員となる国民の育成のため、一八九五年に小学校の制度が定められた。学制は尋常科三年制、高等科二〜三年制とし、八歳から一五歳までの子どもを対象とした。小学校の教員を養成する機関として整えられたのが師範学校で、二年制の本科（後に四年制）と六か月制の速制科から成っていた。また、国の発展に必要な人材育成の機関として、外国語学校や中学校（実業者の養成機関）、医学校、商工学校といった諸学校も導入された。儒教教育体制下の最高学府であった成均館は、新体制下では経学科が設置されたことで教育機能を維持したものの、その教育内容はおよそ近代教育の内容からはほど遠く、近代化の波に乗ることはできなかった。

教育の近代化の過程では、官吏の登用制度も見直されることになった。選抜試験の内容に国文、算術、国内政略、外国事情などが組み込まれ、儒教古典一辺倒であった科挙の試験内容とは一線を画す選抜制度へと姿を変えた。その変容が意味するところは、儒者として個人あるいは一族の名誉のための学修から、官僚として国の発展に奉仕するための学修という、教育の理念の変化であった。こうして、科挙制度は約五〇〇年にわたるその歴史を閉じたのである。

一方、こうした朝鮮政府の近代化の試みとは別に、外国勢力による教育の近代化も進行していた。キリスト教宣教団による教育事業である。アメリカを中心とするキリスト教宣教団は、教育事業をその社会活動の柱のひとつに据えており、積極的に学校を設置していった。プロテスタントの一派である監理派（メソジスト）のアッペンゼラーによる培材学堂や、同じくプロテスタント系の長老派のアンダーウッドによる儆新学校といった学校が代表的である。これらの学校は、朝鮮人子弟を対象に近代的な教科目を中心とする教育を提供し、朝鮮における近代教育の潮流のひとつを作り上げていった。

さて、朝鮮は一八九七年に国号を大韓帝国へと改め、中国との冊封関係の解消を内外に示した。しかし、政府による近代化の試みは成功したとは言えなかった。教育も然り、保守派や開化派など朝鮮政府内部の争いや国の財政難などを理由に、新制度による学校制度は十分に普及することはなかった。そして、これらの教育改革にはすでに日本人顧問が関与しており、やがてやって来る植民地支配により朝鮮の教育は完全に日本の統治下に置かれることになるのであった。

植民地下の教育

一九一〇年、旧韓国を併合した日本は朝鮮総督府を設置し、植民地統治を開始した。一九一一年には「朝鮮教育令」を制定し、朝鮮の教育の目的を「勅語ノ趣旨ニ基キ忠良ナル国民ヲ育成スルコト」（第二条）と定めた。朝鮮人を「忠良なる国民」とすることに教育の理念を置く一方、その教育水準は「時勢及民度ニ適合セシムルコト」（第三条）とした。すなわち、朝鮮人を対象とする教育制度は別途整備することを明らかにしたのである。

その差別的な教育のあり方は、学校制度の違いに端的に表れた。日本人を対象とする学校は、六年間の尋常小学校と五年間の中学校で、初等中等合計で一一年間の修学年限であったのに対し、朝鮮人を対象とする学校は四年間の普通学校と四年間の高等普通学校であり、合計でわずか八年間の修学年限しかなかった。しかも、普通学校は状況によって一年間短縮することができることまで規定されており、日本人と比べて朝鮮人の教育機会は著しく乏しくなるよう、制度設計がなされていた。

高等教育に目を転じてみると、これも日本本土（内地）とは大きな違いがみられた。日本では最高

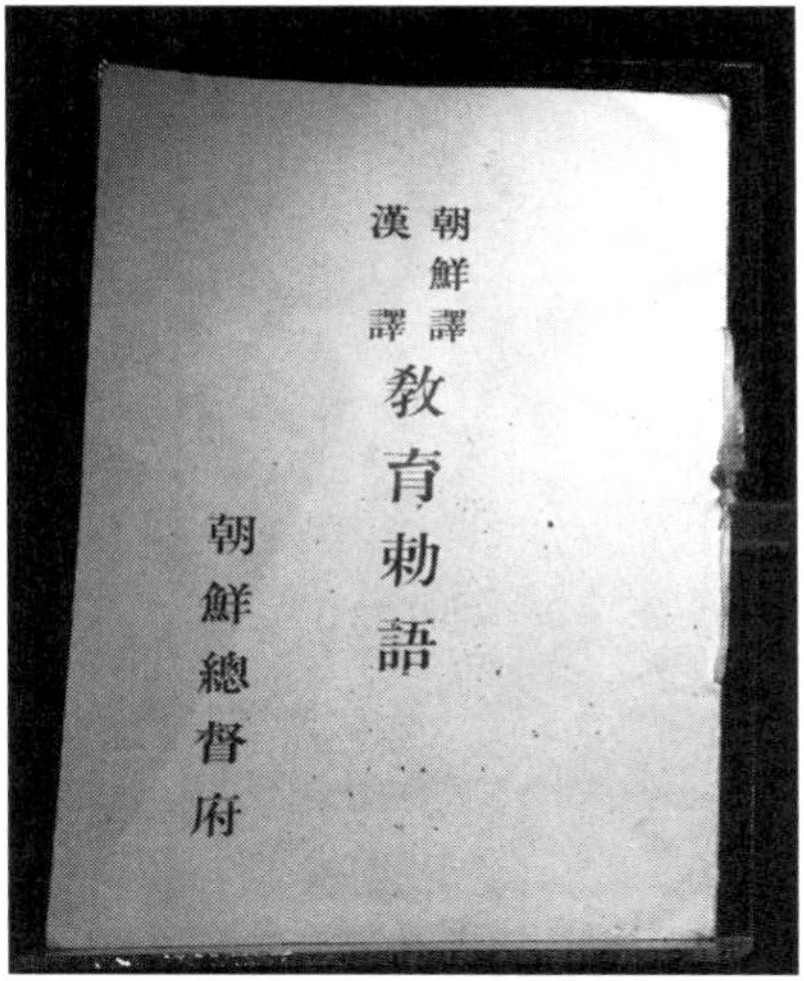

写真1-4　植民地期（1930年）の教育勅語。朝鮮総督府の刊行で、「漢訳」「朝鮮訳」の字が見える。韓国教員大学教育博物館所蔵。（編著者撮影）

学府としての帝国大学のほか、多くの官立・私立専門学校が設置され、多様な高等教育が提供されていた。しかし、朝鮮において設置が認められた高等教育機関は専門学校のみであった。しかも、その設置に必要な法規の制定については「他日ニ譲レリ」と、高等教育制度の整備は先送りにされたのであった。一九一五年にようやく専門学校に関する規則が制定されたが、設置された専門学校のほとんどが官立専門学校であった。というのも、専門学校に関する規則と抱き合わせで定められた私立学校に関する規則により、私立学校の設置についてさまざまな規制が加えられたからである。まず財政的な規制として、私立学校を設置・運営する主体として財団法人であることが義務づけられた。法人設置には一定の財産を所有していることが必要であり、財政基盤がぜい弱な私学が専門学校に昇格することは困難であった。そのほか、教授言語や教育内容の規制も定められたが、これらは宗教系私学、特にキリスト教系学校にとって大きな痛手であった。教授言語が日本語に限定されたことについては、語学に勉強熱心なことが幸いし、宣教師たちも対応できた。しかし、学校の正規課程から宗教科目を排除しなければならなかったことに対しては、強い抵抗を示さざるを得なかった。

　こうした私学に対する規制は、もちろん高

等教育機関に限定されたものではなく、初等中等教育水準の私学にも甚大な被害を及ぼした。日本の統治開始以降、各級の私立学校は急速にその数を減らしていったからである。朝鮮総督府が私学を目の敵にした理由は複数ある。まずキリスト教系私学に対する抑圧は、その背後にある民主的な思想や西欧に対する警戒を指摘できるだろう。しかし、何よりも総督府が神経を尖らせたのは、私学において展開された民族教育であった。確かに、民族教育に注力した私学があったことは指摘されており、私学が植民地統治に対する民族の抵抗の拠点となった側面があったことは否めない。総督府は、キリスト教系を含むすべての私学を民族教育の温床とみなし、その芽を摘むべく学校の維持そのものを左右する規制を加えていったのである。

私学の胎動

このように苦杯をなめさせられた私学であったが、なかには総督府の規制下でも教育の維持と向上に努めた学校も存在した。人的物的資源に富み、財政的にも強みを持っていたキリスト教宣教団による学校である。総督府による私学規制のピークにあった一九一〇年代、当時唯一の高等教育機関として法的に整備されていた専門学校に昇格できた学校のほとんどが官立学校であったことはすでに述べたとおりだが、そのなかにあって二校の私立学校が運営されていた。ともに一九一七年に専門学校としての認可を得た延禧専門学校とセブランス医学専門学校は、複数の宣教団が設置・運営に関わったキリスト教系の専門学校であるとともに、最初の私立専門学校であった。

延禧専門学校は、監理派によって運営されていた培材学堂の大学部と、長老派による儆新学校の大学部が発展的に統合する形で誕生した。京城専修学校（後の京城法学専門学校）や京城医学専門学校、京城工業専門学校、水原農林専門学校など、他の官立専門学校が各産業分野の専門教育を提供する学校であったのに対し、延禧専門学校は文学科や農学科、商科、数学及び物理学科などを擁しており、いわば「総合」型の専門学校であった。たとえば、文学科の教育内容は人文社会学領域から自然科学領域まで幅広くわたっており、官立専門学校とは明らかに異なった様相の高等教育を提供していた。これらの教育についてはリベラルアーツ・カレッジという評価もなされているように、延禧専門学校はアメリカ型のカレッジ教育が朝鮮に持ち込まれた事例ということができるだろう。一方のセブランス医学専門学校は、その起源を王立病院であった広恵院の附属医学部とする。この医学部は、医師であり宣教師であったホーレス・アレンが設置・運営に関与した教育機関であったため、当初からキリスト教宣教団と強い結びつきがあった。そして、朝鮮政府の財政難のために病院と医学部の存続が困難となると、それらの運営が長老派の宣教団に移管されることになり、近代的な病院及び医療教育機関としてさらに発展していくこととなった。この学校もまた、複数の宣教団による共同設置・運営形態の学校として展開し、やがて延禧専門学校とともに専門学校としての認可を得たのである。これら二校は後に、現代韓国の私学の一方の雄、延世大学へと発展していった。

キリスト教系の専門学校以外でも、有力な私学の台頭があった。現代韓国において延世大学とならぶ有力私学である高麗大学の前身、普成専門学校である。同校は、朝鮮政府の官僚・政治家であった李容翊が一九〇五年に設置した学校を起源として発展した学校で、当初から法律専門学科と理財専門学科を設置するなど、「高等程度」の学校と知られていた。ただ、「専門学校」の名前を冠していたものの、当時朝鮮にはまだ専門学校の制度はなく、正規の専門学校ではなかった。一九一五年に専門学校の法的根拠が整うものの、前述のとおり私学に対しては厳しい規制が加えられたため、普成は正規専門学校に昇格することなく普成法律商業学校という各種学校として存続の道を探った。ようやく専門学校としての地位を獲得したのは、実業家であり教育者でもあった金性洙による学校の財政再建が進んだ一九三二年のことである。こうして「朝鮮一の朝鮮人経営の専門学校」が成立したのであった。

このように、宗教系、民間人系の私立専門学校が徐々に増えていったが、大学は官民通じてなかなか設置されなかった。そもそも併合当初は大学制度すら整備されていなかったのだが、一九二〇年代に入って従来の武断統治が見直されると、教育においても「朝鮮教育令」の改正などを通してさまざまな規制緩和がおこなわれるようになり、にわかに大学設置の機運が高まった。しかし結局、大学は一九二四年に設立された京城帝国大学のみが日本統治期の大学となった。京城帝大は、最終的に法文学部、医学部、理工学部を備えた帝大として発展したところで終戦を迎え、その施設や図書を引き継いだ京城大学が、周辺の官立専門学校、私立専門学校一校との統合を通して国立ソウル大学へと再編された。

現代韓国において有力大学の象徴であり続けるＳＫＹ（Seoul（ソウル）大学、Korea（高麗）大学、Yonsei（延世）大学）は、植民地期を含む複雑な歴史に立脚する。特に高麗大学と延世大学は、苦難のなかでも高等教育を維持し、私学が高等教育をリードする「私学王国」としての韓国高等教育の礎となったのである。

3　解放された教育熱——植民地支配の終わりと教育の再興

米軍政下での教育制度設計

日本にとって八月一五日は終戦記念日であるが、韓国にとっては「光復節」、すなわち日本の植民地支配から解放され、独立した日である。一九四五年のこの日以降、朝鮮半島では独立国家としての再建が進められたのだが、半島の北半分はソ連軍政下、南半分は米軍政下に置かれることになり、それはそのまま分断国家としての歩みとなっていった。

写真1-5　米軍政期の小学校教科書。漢字とハングルが使われている。韓国教員大学教育博物館所蔵。（編著者撮影）

　朝鮮半島南部に進駐した米軍は、同地を民主主義国家として再建する理念のもとに軍政を開始した。当然、民主的な思想の涵養の場となる教育は重要な政策分野であったはずだが、進駐直後の米軍は朝鮮の教育について多くの情報を持ち合わせていなかったとされる。そこで米軍は、かつて朝鮮で教育活動に従事していたアメリカ人宣教師や、宣教師の推薦を受けた韓国人教育関係者の全面的な協力をもって教育の再建にあたった。それゆえ、軍政庁学務局への関与は親米的な韓国人によって占められることになった。

米軍政下で教育制度の検討にあたったのは、韓国人教育関係者から構成された教育審議会であった。同審議会のもとで初等教育六年、中等教育六年（前期三年＋後期三年）の六－三－三制が新たな学校体系として採用された。この学校体系改革が意味するのは、日本統治下の複線型から単線型への変容である。すなわち、日本統治下の制度では旧制中学校や高等女学校、実業学校など、初等教育機関卒業後の接続が分岐していたのに対し、解放後は国民学校から中学校への単線型の接続へと変更された。日本も戦後、アメリカ教育使節団の報告のもとに教育制度改革をおこなったが、韓国でもより平等な教育機会の提供がめざされたのである。

実際の学校教育現場の変化も著しかった。まず、学校で教師が使う言語が日本語から韓国語に変わった。ハングル表記の教科書の編纂もすぐさま着手され、解放直後の一九四五年九月に初めて刊行された教科書は、『ハングルの初歩』と『国語読本』であった。「国語」教科の国語が意味するものが日本語ではなく韓国語であったことは言うまでもない。また、植民地支配により教育から奪われたのは言語だけではなかった。日本統治期に学校で教えられていた歴史は日本史であり、民族の歴史ではなかったのだが、解放後は韓国史へと変更されたのであった。

高等教育に目を転じてみると、軍政庁学務局から改組された文教部が一九四六年に「高等教育計画の基本方針」を公表し、高等教育機関の四つの種類が提示された。「大学校」と「大学」はいずれも四年制だが、前者が総合大学であるのに対し、後者は単科大学の位置づけであった。二年制の「大学館」と、一年制もしくは一年未満の学制の「学館」は非学位授与機関で、制度導入当初はいくつか存在したものの、その後廃止されて今日は残っていない。そして、植民地期に専門学校であった官公私立の学校は、新しい制度のもとで漸次大学へと昇格させる方針が定められた。

「弘益人間」の理念と学校体系

南北の統一政府は実現することなく、一九四八年八月、朝鮮半島の南側に大韓民国が成立した。以後、三八度線以南では、米軍政下の三年間に整備された土壌に民主的な教育を根付かせる取り組みが本格化していく。

まず、新生国家樹立の前月に制定された大韓民国憲法では、「すべての国民は均等に教育を受ける権利がある。少なくとも初等教育は義務であり無償とする」と、教育の機会均等と無償義務教育が定められた。一九四九年には、教育制度運営について全般的に定める「教育法」が制定されたが、その第一条で示されたのが「弘益人間」の理念である。「弘益人間」とは、「広くすべての人間の利益になる」ということを意味するものであるが、これを根底に、教育の目的を「教育は弘益人間の理念のもと、すべての国民をして人格を完成し、自主的生活能力と公民としての資質をもたせ、民主国家発展に奉仕し、人類共栄の理念実現に寄与させること」と定めた。新生韓国の教育は、人類共栄という普遍的な原理を掲げてスタートしたのである。

学校体系は、「教育法」制定当初は六－四－二制が定められるなど新たな制度が模索されたが、結局六－三－三制に落ち着いた。初等中等教育機関は、六年間の小学校（当初の名称は「国民学校」）、三年間の中学校、そして三年間の高等学校である。そのほか、就学前教育機関として幼稚園、また障害のある児童・生徒のための特別支援学校も導入された。また、学齢期ではない者、すなわち学齢期に初等中等教育を受けることができなかった者を対象とする教育機関として公民学校と高等公民学校も整備された。公民学校は初等教育水準の教育を提供する三年制の機関で、高等公民学校は前期中等教育水準の教育を提供する一～三年制の機関であった。この非メインストリームに位置づけられる教育機関の存在は、植民地期において教育機会に参与することができなかった人々がいかに多かったかを示しているとも言えよう。義務教育は、上述のとおり、六年間の初等教育のみであった。国民学校卒業後に中学校に進学しない者もいたわけだが、それらのうち職業の知識と技術を身につけたい者のための学校も整備された。技術学校と高等技術学校はともに一～三年制の職業教育機関で、後者は三年制技術学校の卒業者もしくは中学校卒業者を対象とした。高等教育に目を転じてみると、大学校、大学のほか、二年制の初級大学、二～四年制の師範大学が導入された。初級大学は後の高度経済成長期に専門大学へ、また師範大学は四年制の教育大学へと改編されることになる。

このように、崇高な教育理念のもとで制度の法的根拠を定め、新たな国家づくりのための教育体制を整えた韓国であったが、国を大きく揺るがす事態が生じた。朝鮮戦争である。

朝鮮戦争の混乱と復興

一九五〇年六月二五日、朝鮮人民軍の奇襲により勃発した朝鮮戦争は、物量に勝る朝鮮民主主義人民共和国（北朝鮮）が緒戦において韓国軍を圧倒した。開戦四日目にソウルを陥落させた朝鮮人民軍は南進を続け、韓国政府や韓国軍、国連軍は臨時首都とした釜山にまで追い詰められた。その後、起死回生の仁川上陸作戦により国連軍がソウルを奪還、戦局を逆転させたことはよく知られるとおりである。この戦火のなか、社会のあらゆる分野が混乱に陥ったが、教育はどのような状況に置かれたのだろうか。

実際に戦場となった地域で、正常な教育活動をおこなうことが困難であったことは言うまでもない。ソウル市内の小学校や中学校は開戦翌日の六月二六日に無期限の休校、授業停止を決めた。そして、そのまま本来の夏休み期間である八月を過ぎても学校再開の見込みは立たなかった。ソウルから逃れた避難民が身を寄せた釜山も混乱の極みにあり、子どもたちが学校生活を取り戻すにはかなりの時間を要することになった。一九五一年一月に文教部は「戦時下教育特別措置要綱」を発表し、避難先において避難児童・生徒を受け入れる「避難学校」の設置を進めた。しかし、その学校生活が困難であったことは想像に難くない。男性教師は軍に召集されるなどしていたため、教員が不足していた。そして何よりも不十分だったのは、校舎や教材である。非常時において既存の校舎の多くは軍の施設や病院として使用されたため、児童・生徒たちは屋外、つまり広場に天幕を張った空間や、あるいは天幕すらない「青空」のもとで、十分な教材もないなか、学ばざるを得なかった。避難民である子どもたちに限らず、地元の子どもたちもきわめて不自由な環境で学習しなければならなかったのである。こうした「避難学校」は、南部地方を中心に全国に一一八校（小学校五四校、中学及び高校六四校）が設置されたとされるが、その半数以上の七五校が釜山市に設けられた。こうした混乱は戦争の収束とともに落ち着いていったが、戦争によって多くの子どもたちの教育・学習環境が破壊されるのはいつの時代でも同じである。

表1-1　初等中等教育の量的変化（1952～1970年）

	1952年		1956年		1960年		1965年		1970年	
	学校数	生徒数	学校数	生徒数	学校数	生徒数	学校数	生徒数	学校数	生徒数
小学校	3,938校	2,360千人	4,301校	2,921千人	4,602校	3,621千人	5,125校	4,941千人	5,961校	5,750千人
中学校	607校	303千人	999校	459千人	1,053校	529千人	1,208校	751千人	1,608校	1,319千人
高校	340校	123千人	592校	274千人	635校	273千人	701校	427千人	889校	590千人

（出典）『韓国統計年鑑』各年度版から作成。

戦争により中断されていた教育制度の整備は、一九五三年七月の休戦協定後に再び動き出した。大韓民国が発足して七年後の一九五五年、全国水準の教育課程として第一次「教育課程」がようやく定められた。「国語」や「算数」といった従来の教科に加え、教育目的を達成するための教科以外の教育活動を意味する「特別活動」の時間が盛り込まれるなど、知識暗記型の教育とは異なる新しい形の教育のあり方がめざされたことは大きな特徴である。また、示された授業時数配分はあくまでも基準であり、学校長は各学校の実情に合わせて計画することが可能とされ、各地域や学校の裁量が認められたことも新しかった。ただ、人的物的資源が乏しいなかで必要な授業時数を運営することはかなり困難であったようである。総授業時数は基準の三分の二を下回らない限り教育監や道知事の判断により減らすことができると定められていたものの、ソウル市などの都市部の学校では基準の半分にも満たない時間しか確保できなかったとされる。

このように、教育・学習環境は困難とも言える状況にあったが、国民の教育熱は高く、教育の量的な拡大は著しかった。休戦協定が結ばれた一九五三年以降、学校数は小中高いずれも拡大の一途をたどっていった（**表1-1**参照）。当然ながら、それらの学校で学ぶ児童・生徒の増加も目覚ましく、こうした急速な教育の普及は、その後の高度経済成長を支える人材輩出の基盤となったと評価できるだろう。

4 「漢江の奇跡」を支えた教育

政治の混乱と軍事独裁政権の成立

一九六〇年四月、政敵や批判勢力に対する弾圧、そして不正選挙を重ねてまで政権に執着する李承晩大統領に対する国民の憤りは極限に達した。学生の決起に端を発したデモは数万名の規模に膨れ上がり、ついに李承晩大統領を退陣に追い込んだ。こうした運動が形成、展開されるためには、それを支える民主的精神が必要である。一九五〇年代後半には民主主義の基盤が形成されていたとされるが、この基盤とは教育の普及やマスメディア活動を指す。前節でみたように、国民の教育熱は高く、学校制度も不十分ながらも全国に普及していた。朝鮮戦争後の困難のなかで経済は世界最低レベルとされた韓国であったが、教育やメディアは少なくとも量的には一定水準にあったと言えよう。

李承晩退陣のきっかけとなったデモの口火を切ったのも、学生たちであった。二月末の大邱《テグ》市の高校生らの街頭デモはその後全国に拡大、三月一五日の選挙当日には馬山《マサン》市で学生や市民によるデモに対する警察の発砲によって死者も出た。そして四月、ソウル市中心部で学生らによる大規模デモ、「四・一九革命」へとつながっていった。こうして、民主主義を装いつつ長きにわたって独裁を敷いた李承晩政権は退陣を余儀なくされた。これを実現させた学生や市民の精神の涵養は、大学を含む教

写真1-6 「4.19革命」の発端となったのは、前日4月18日の高麗大学の学生蜂起であった。そのため、高麗大学では「4.18革命」と呼ぶ。写真は「4.18革命」を伝えるレリーフ。（筆者撮影）

育制度の整備を前提としていたということもできるだろう。その意味では、教育はまさに民主主義の礎として機能したのである。

このまま民主的な国づくりが進むかと思われた韓国であったが、その希望は再び独裁政権の登場によって潰えることとなった。一九六一年五月一六日、朴正熙少将率いるグループのクーデターにより政権が軍部に掌握されたのである。その後自ら大統領の地位についた朴正熙は、北朝鮮への対抗、韓国内の貧困の解消などのために、国家資源を経済政策に注力していった。輸出指向型工業化に軸足を置いた、経済開発五か年計画の策定と施行である。一九六二年に策定された第一次計画から始まり、七次にわたって策定された五か年計画に基づく経済開発は、経済の対外依存を高めることになったなど批判も多々あったものの、「漢江の奇跡」と呼ばれる高度経済成長を実現した点では一定の評価も与えられている。もちろん、独裁政権による各方面での強行的な手段は多くの抑圧を生み出したのであり、そうした犠牲のうえに成り立った経済成長であったことには留意しておくべきである。それでは、この時期の教育理念や制度、内容にはどのような影響があったのだろうか。

「愛国、愛族、反共」の教育

一九六八年一二月、朴正熙大統領はこれからの国民教育の方向性を盛り込んだ「国民教育憲章」を宣布した。同憲章がまず提示したのは、「誠実な心と健やかな体で学問と技術を学び、生まれながらの各自の素質を啓発し、われわれの立場を躍進の踏み台として、創造の力と開拓の精神を培う」（訳文は馬越　一九八一：三二四から引用）ことであった。しかし、そうした自己の研鑽の結果が行きつく先として向けられたのは、人類の幸福ではなかった。「祖先の輝かしい精神を今日に生かし、内には自主独立の姿勢を確立し」とするように、まず示されたのは民族的伝統の重視である。そして「われわれの創意と協力によって国が発展し、国の隆盛が自己の発展の根本であることを悟り、自由と権利に伴う責任と義務を果たし、自ら進んで国家建設に参与し奉仕する国民精神を高める」と謳っていることからも明らかなとおり、国民教育憲章は朴正熙政権の教育政策の第一義が国家の発展にあることを内外に示したのである。これは、「教育法」で掲げられた「弘益人間」の理念からは真逆を向くような転換であったと言えるだろう。こうした国民教育の精神は、「反共民主精神に透徹した愛国愛族が我らの生きる道であり、自由世界の理想を実現する基盤である」ことを支柱とした。つまるところ、朴正熙政権下の教育の方向性は「愛国、愛族、反共」に収斂できよう。

こうした教育理念の一端は、一九六三年に改訂された教育課程にすでにあらわれていた。国民学校と中学校に新たな教科として導入された、「反共・道徳」である。目的のひとつとして「共産主義の誤りと民主主義の優越を悟り、愛国・愛族の心と態度を育てる」ことを掲げた「反共・道徳」では、「国家生活」という単元が設けられ、たとえば国民学校では次のような内容が指導された。①国旗、国歌に対する尊敬心を持つ、②国慶日、その他の国家的行事に、その意義を知り敬虔な心で参加する、③国家民族に対する誇りを大切にする、④戦没軍警遺族と傷痍勇士に対する尊敬心と奉仕精神を発揮する、⑤国土防衛に苦労する国軍に対する感謝と慰問を忘れない、⑥我が国を独立させるために苦労した先烈の有徳を高く受けとめる、⑦六・二五事変（朝鮮戦争のことを韓国ではこのように呼ぶ――筆者注）をはじめとする共産党の蛮行を振り返り、憤慨心を高める、⑧共産党の再侵入しようとする凶計を知り、深い警戒心を保つ、⑨北韓共産地域でうめく同胞の惨状を知り、これを救出する心を持つ、⑩共産党の虚偽宣伝の真実を知り、これにだまされない、⑪言動に慎重であり、間接侵略に利用されないよう精神武装を強くする、⑫世界侵略で共産独裁を夢見る共産主義の正体を知り、自由帝国と団結を固めるという心を持つ、⑬我が美風良俗を伸張し、我が文化と伝統に対する誇りを持つ、⑭我が国の発展のために協力しようとする心を深める。実際の学校現場では、反共作文大会や反共雄弁大会、一線将兵慰問、陸士パレード見学などがおこなわれたという。

このように、朴正熙政権期においては国家の発展に最大限の価値を置いた教育理念のもと、政策や環境整備が進められることとなった。「個」の発展は、あくまでも「国」もしくは「民族」の発展に寄与するものでなければならなかったのである。より具体的には、上述の経済開発計画の履行に必要な人材育成が図られることになった。では、その実際をみてみよう。

経済開発下の人材育成

新興国が工業化を柱とする経済開発を進めるにあたって、技術者の養成が急務となるのは想像するに難くない。それゆえ、経済開発計画推進下の教育では工学を中心とする実業系の分野が中等教育段階や高等教育段階で拡充されることになった。

表1-2　後期中等教育の学校数及び生徒数の推移（1959～1980年）

年	人文系高校		実業系高校		実業高等専門学校	
	学校数	生徒数	学校数	生徒数	学校数	生徒数
1959年	343校	160千人	280校	101千人	—	—
1965年	389校	254千人	312校	172千人	14校	8千人
1970年	408校	315千人	481校	275千人	26校	23千人
1975年	673校	648千人	479校	475千人	88校	59千人
1980年	748校	933千人	605校	764千人	—	—

（出典）文教部『教育統計年報』各年度版より作成。

たとえば高校では、六〇年代から七〇年代前半にかけて人文系の高校に対して実業系の高校が数と生徒数を大きく伸ばした。一九五九年末の時点で全国に二八〇校あった実業系高校は一九七〇年には四八一校に増加し、生徒数も三倍近くに増加したのだが、人文系高校は三四三校から四〇八校に増加したのみで、生徒数も二倍弱に増えただけであった。その後人文系高校も普及が進み学校数は再び上回るものの、一九七〇年の段階では実業系高校のほうが学校数は多かったのである（**表1-2**参照）。

実業系高校に設置される学科には、農業や工業、商業、水産、家政、看護助産、外国語、芸術などに関連する学科の設置が定められ、各分野で即戦力となる職業人材の養成がめざされた。分野別の生徒数をみると、一九八〇年の時点で最も多かったのは商業高校で、約三二万人であった。次に多かったのは工業高校で約二〇万人、その次が総合高校で約一二万人であった。その他分野の高校のいずれも学校数の拡大とともに生徒数を増やしているものの、興味深いのは分野によって増加の程度が大きく違うことである。経済開発計画が始まった直後の一九六四年当時は、商業高校に約五万人、農業高校と工業高校にそれぞれ約四万人、水産高校に約四〇〇〇人の生徒がいたが、その後の約二〇年で商業高校や工業高校が五～六倍に生徒数を増やしたのに対し、農業高校の生徒は約五万人でほとんど変わらず、水産高校の生徒も約七〇〇〇人に増えただけであった。こうした実業系高校における量的な変容は、経済開発政策によって人材に対する産業界のニーズが急激に変化していったことを意味している。

また、中堅技術者の養成を急いだ政府は、新しい職業教育機関の整備にも着手した。一九六三年に導入された実業高等専門学校は、中卒者を対象とする五年制の職業教育機関で、導入当初は芸術系（工芸や陶磁器に関する学科など）や理学系、工学系、農林系、海洋及び水産学系の学科が設置されていた。その後、医薬系など新たな分野の学科も加わっていき、一九七九年に専門大学という新たな高等教育機関として再編されることとなった。

大学教育でも、経済開発政策の影響は大きくみられた。上述の専門大学の導入もそのひとつである。専門学校と初級大学（短期高等教育機関）を再編する形で導入された専門大学は、専門職業人を養成することを目的に主に職業教育を提供する二～三年制の短期高等教育機関である。実務に必要な知識や技術とともに、準学士相当の学位も取得できる専門大学は中堅の職業人材の輩出に寄与し、韓国の高度経済成長の基盤構築の役割を果たした。

一方、文系と理系で明暗が分かれたのが四年制大学であった。政府は理工系学部の拡大を促進した一方で、人文系学部を抑制したのである。一九六四年から一九八〇年にかけて人文系学部の学生数の増加が二倍強だったのに対し、理工系学部の学生数は四倍強と大幅に伸びたのは、工業化重視の政府の経済開発政策が背景にあったからにほかならない。こうした産業振興政策が進められる過程では、人材を理工系に振り向けるために、人文系大学のなかには廃止の憂き目にあう大学も現れた。神学教育を主とするキリスト教系大学などが代表的である。急速な経済成長の裏側で、独裁政権の抑圧的な政策により人文分野を中心に教育の機会が制限されたことは心に留め置くべきである。

このように一九六〇年代以降、国の経済開発と教育政策は一体化して進行していった。国家主導の強力な経済開発により都市化も急速に進み、ソウルの一極集中も一層強まることになった。教育機会を含む中央と地方の格差は、この時代からすでに拡大が始まっていたのである。

5　民主化への歩みと教育

民主化の機運の高まりと教育理念の変容

記憶を辿ってみると、筆者が初めて韓国を意識したのはソウルオリンピックがあった頃のように思う。寮の先輩たちがソウルに修学旅行に行き、オリンピックのマスコットが描かれたキーホルダーや、見たことがない文字が書かれたチューイングガムをお土産にもらい、韓国という国を初めて身近に感じたことを覚えている。ソウルオリンピックが開催されたのは、一九八八年である。朴正煕大統領が暗殺された一九七九年一〇月の直後は民主化への期待も高まったが、対抗勢力の統一的な動きが滞るなかで軍部が政権を掌握するに至り、軍事政権の民衆弾圧は熾烈を極めた。特に一九八〇年の光州事件は、軍事政権の本質が何ら変わっていないことを如実に示した事件といえる。そうした強権的で暗いイメージを払拭する必要に迫られた政府は、一転して政治運動の規制緩和や学園の自律化などを進めた。翌年にオリンピックの誘致に成功すると、国家としての国際的な信頼性の回復は絶対的な命題になったと言えるだろう。

こうした政府の緩和路線を受け、民主化運動は勢いを取り戻していった。学生のみならず多くの市民も身を投じた運動を抑えきれなくなった政府は、一九八七年六月二九日、「六・二九民主化宣言」を余儀なくされる。大統領直接選挙制や反体制派の釈放、言論の自由の保障、大学の自律化などが盛り込まれた同宣言の発出の背景には、翌年に控えたオリンピックを成功裏に終わらせなければならなかったこともあったであろう。同年末におこなわれた大統領選挙では、結果的には軍出身の盧泰愚大統領が当選を果たしたものの、「六・二九民主化宣言」によって民主化への道筋は整えられたのであった。

さて、このように韓国にとって大きな変革期となった一九八〇年代の教育は、どのように推移したのであろうか。一九八七年の民主化宣言で「大学の自律化」が掲げられたことからもわかるように、学生運動の温床となった大学に対する政府の抑圧は八〇年代に入っても続いていた。しかし、高度経済成長により着実に力をつけた韓国にとって民主化への歩みは避けられないものとなり、教育政策の方向性も大きな転換を迫られることになった。

まず、法制度上で生じた大きな出来事として、教育に関して憲法改正がおこなわれた。一九八〇年一〇月、従前の憲法が保障していた教育の「自主性」と「政治的中立性」に、教育の「専門性」が付け加えられた。また、従来はなかった「生涯教育」（韓国では「平生教育」と表現する）が条文に盛り込まれた。「国家は生涯教育を振興しなければならない」と定め、学校教育の外の教育に対する国の責任を明文化したのである。これを受けて一九八二年には「社会教育法」が制定され、社会教育の体制整備が進められることになった。これまでの「上から」の国家主義的な教育の理念を刷新し、「下から」すなわち国民の視点からの教育のあり方が方向性として示されたのである。

加速する改革

国民目線の教育のあり方が模索される方針が示されたものの、教育のドラスティックな改革手法は変わらない。教育界における一九八〇年代初めの大きな動きのひとつとして、一九八〇年の「七・三〇教育改革」があげられる。正式名称を「教育正常化及び過熱課外授業解消方案」とする同改革は、過熱する受験競争を緩和すべく、「課外」と呼ばれる民間の塾や家庭教師などの学校外教育を禁止した措置として知られる。もっとも、その成果は期待どおりであったとは言い難い。当局の目をかい潜った違法な課外が横行し、私教育抑制の効果は限定的であったばかりか、「裏」に転じることで私教育費の高騰はさらに進行することになった。また、同じく受験競争の抑制の観点から、大学入試そのものにもメスを入れた。これまで共通試験（大学入学予備考査）と各大学でおこなわれる二次試験（本考査）によって入学者の選抜がおこなわれていたが、各大学の二次試験を廃止し、共通試験と高校の内申書だけで選抜することとしたのである。しかし、この入試改革も関係者間の合意形成が不十分なまま進められたこともあって、すぐに修正を迫られることになった。

一方、中等教育段階においても大きな改革が進行した。熾烈な受験競争を緩和するため、中学校は一九六九年、高校は一九七四年にそれぞれ「平準化」（各学校の選抜試験を廃止）が導入されたのだが

（詳しくは第3章第1節を参照）、その弊害も指摘されるようになっていた。たとえばそのひとつが、学校あるいは学級が多様な学力水準の生徒から構成されることによる、学力の「下降平準化」という現象である。これは、教育の目的のひとつとして優秀な人材育成を設定する国家にとっても解決すべき大きな問題であることも意味した。前述の「七・三〇教育改革」でもこうした課題は俎上にあげられており、政府は公教育改革の着手を迫られたのである。

改革の具体策としては、まず特殊目的高校の設置があげられる。特殊目的高校の詳細な説明は第3章に譲るが、特定分野の深化教育を提供する高校として整備された。その最初の学校として、科学高校が設置されたのは偶然ではない。国家の発展をけん引する科学人材の育成は、途上国から先進国へと跳躍しようとする韓国にとって、優先すべき大きな課題のひとつとして位置づけられていたのである。

ただ、こうした高校種の設置は一部の特殊な事例にとどまり、広く普及したのは一般の普通高校であった。大量の技術者養成を目的に職業教育を重視したこれまでの中等教育政策から一転、一九八〇年代に入ると政府は一般高校の増設へと舵を切った。衰えをみせない大学進学熱を背景とする普通教育に対するニーズの持続的な拡大に、政府は一定の対応を迫られていたからである。また、特殊目的高校の導入にみるように、後期中等教育の充実という目論見ももちろんあった。しかしそうした高校教育の多様化は、あくまでも高校の「平準化」を維持する形で進められたのである。

教育課程はどうだったか。一九八一年に改訂された教育課程（「第四次教育課程」）の方向性として掲げられたのは、「健全な心身の育成」、「知力と技術の培養」「道徳的な人格の形成」「民族共同体意識の高揚」であった。これまでの教育課程が「国民的資質の涵養」を真っ先に掲げたのとは異なり、

第四次教育課程は全人的な教育を重視する方針を示した。教科編成で注目されるのは、小学校の一～二年に導入された教科間の統合である。「道徳」「国語」「社会」を統合した「ただしい生活」、「算数」と「自然」を統合した「かしこい生活」（一年生のみ）、「体育」「音楽」「美術」を統合した「たのしい生活」が開設された。児童・生徒の発達に応じた適切な水準や内容の教育だけでなく、児童・生徒の興味・関心に応じた教育もめざされたのだが、それはまさに全人教育という理念の実現を図ったものと言えよう。

教育の量的変化

軍事政権期という抑圧的な雰囲気が漂う一方で、経済の急速な発展は国民の生活質の向上をもたらした。そうした高度経済成長の基盤のひとつが教育の普及にあったことは確かだろう。植民地期の教育機会抑制の残滓や朝鮮戦争に伴う国土破壊、国家財政の窮状などを背景に、植民地解放後も教育インフラは十分な整備の機会に与ってこなかった。それにもかかわらず、国民の間で教育は驚異的なスピードで普及していったのであった。

一九六〇年代から八〇年代の教育の状況を統計的にみると、**表1‐3**のようになる。小学校への就学率は早い段階から九五％を超える水準に達しており、国民の教育熱の高さがうかがわれる。小学校から中学校、また中学校から高校への進学率は、当初はさほど高くなかったものの、まだ経済的な困難が大きかった一九六〇年代においても半数以上の卒業生が上級学校に進学していた。ただ、学校の教育環境は良好であったとは言い難い。一九六五年時点で小学校の一学級当たりの児童数は六五・四

表1-3　国民学校の就学率及び下級学校から上級学校への進学率（1965～1990年）

	1965年	1970年	1975年	1980年	1985年	1990年
小学校	95.1%	96.9%	97.2%	98.2%	98.6%	99.2%
小学校→中学校	54.3%	66.1%	77.2%	95.8%	99.2%	99.8%
中学校→高校	69.1%	70.1%	74.7%	84.5%	90.7%	95.7%

（出典）文教部『教育統計年報1965』1965年及び教育部『2000 要約教育統計』2000年より作成。

人、中学校と高校もそれぞれ六〇・七人、五七・一人であった。日本でもかつて、小さい教室に児童があふれるさまは「すし詰め学級」と呼ばれたが、韓国では「もやし教室」と呼ばれた。栽培中のもやしが容器にぎゅうぎゅうに詰まっている様子からそのように呼ばれたのだが、日韓それぞれの食文化が表れているようで興味深い。こうした過大な学級規模は漸次改善されていったが、それでも韓国では中学校と高校の場合、九〇年代に入っても五〇人を超えていた。

一九八〇年代における学校教育制度における大きな変化のひとつは、中学校の義務化である。一九八五年に義務化された三年間の中学校教育であるが、当初は島しょ地域のみに導入され、漸次全国に拡大していった。ようやく全国すべての中学校の義務化が完成したのは、二〇〇四年のことであった。ただ、**表1-3**からもわかるとおり、義務化が法制化された一九八五年には中学校の進学率はほぼ一〇〇%に達していた。つまり、中学校も実質的には義務教育と同じ状態にあったのだが、無償化が漸次進められたのである。

こうして、上級学校への就学率や進学率が一九九〇年代を前に一〇〇%近くに達したことで、教育の量的拡大はおおむね達成されたといってよいだろう。しかし、「もやし教室」のように、学校の教育・学習環境が十分に保障されていたとは言い難い。教育の質的向上に関する取り組みが本格化するのは、一九九〇年代に入ってからである。

6　ワールドクラスの教育をめざして

二一世紀に向かう教育改革

一九九三年、長きにわたった軍人出身大統領の政権に代わり、文民政権となる金泳三政権が誕生した。三年後の一九九六年にはＯＥＣＤへの加盟を果たし、国際的な地位を確たるものとした。「奇跡」とも称された高度経済成長により、かつて世界最貧国レベルとされた経済状況から脱却した背景には、軍事政権による独裁的な経済開発の効果が大きかったことは確かだが、極度な貧困状態にあっても先進国レベルの進学熱を維持した社会の教育熱の存在も小さくはなかったであろう。

ＯＥＣＤ加盟の前年となる一九九五年、その後の韓国の教育を方向づける教育改革プランが発表された。「世界化・情報化時代を主導する新教育体制樹立のための教育改革方案」（五月三一日に公示されたので「五・三一教育改革案」と称される）である。「誰もが、いつでも、どこででも、希望する教育を受けることができる道が広く開かれた『開かれた教育社会、平生学習社会』の建設」をビジョンに据えた同改革案は、学習者中心の教育、教育の多様化、自律と責務性に基盤を置いた学校運営、自由と平等が調和した教育、教育の情報化、質の高い教育を特徴とする。かつての軍事政権下の国家主義的な教育理念は文民政権のもとですっかり様変わりし、民主主義の理念が際立つ内容となったのである。

「五・三一教育改革案」は、取り組む九つの大きな項目をあげている。①開かれた教育社会、生涯学習社会の基盤構築、②大学の多様化と特性化、③初中等教育の自律的運営のための「学校共同体」の構築、④人格及び創意性を涵養する教育課程、⑤国民の苦痛を和らげる大学入学制度、⑥学習者の多様な個性を尊重する初中等教育の運営、⑦教育供給者に対する評価及び支援体制の構築、⑧品位ある有能な教員の育成、⑨教育財政GNP五％確保（一九九八年まで）。これらの各項目にはより具体的な課題が設定されており、その後普及が進んだものも少なくない。たとえば、「単位銀行制度」（各種の教育機関での学習経験などを単位として認定・累積し、学位を授与する制度）や学校運営委員会の設置、英語教育の強化、大学入試改革（個別の学力試験の禁止、大学修学能力試験や学校生活記録簿、論述、面接、実技による選抜）などである。これらの改革の基本的な方向性は今も維持されている。

また、この頃には教育の情報化の本格的な取り組みが始まった。韓国では、競争力強化のために早くから学校教育におけるコンピュータの導入の必要性が議論されてきた経緯があり、九〇年代初めには各学校へのコンピュータの設置やネットワークの構築が着手されていた。そして一九九五年には「情報化促進基本法」が制定され、「教育情報化基本計画」が策定されるようになった。五年ごとに改訂される同基本計画に基づき、教育行財政に係る事務処理のオンライン化や学術情報システムの構築などが取り組まれ、現在もデジタル教科書の開発・運営などが進められている（詳しくは第3章第2節を参照）。

そのほか、韓国の子どもの「学力」が世界から注目を集め始めたのもこの時期である。OECD生徒の学習到達度調査（ＰＩＳＡ）の二〇〇〇年調査で、参加三二か国中、韓国は読解力で六位（日本八位）、数学的リテラシー二位（日本一位）、科学的リテラシー一位（日本二位）と、日本と並んでトップレベルの成績を世に示した。続く二〇〇三年調査では日本の成績が急落し、「ゆとり教育」からの脱却の流れに決定打を与えたのとは対照的に、韓国は好成績をキープした。こうして韓国は、フィンランドやシンガポールなどと並んで「学力」のハイパフォーマンス国として注目されるようになったのである。

教育の「構造改革」

重要な教育改革案が公表されたという点で、一九九五年は韓国教育の大きな転換点となったとも言えるわけだが、その直後、経済分野で強烈な出来事が生じた。一九九七年の「アジア通貨危機」である。これにより韓国経済は深刻な打撃を受け、国際通貨基金（ＩＭＦ）の支援を仰ぐこととなった。その過程での経済制度や資源配分の改革などを表す「構造調整」というキーワードは、その後の教育分野の改革においてもしばしば登場してくる。時代的には新自由主義が世界を席巻し、経済分野にかかわらずあらゆる領域でその手法や考え方が広がっていったが、韓国では、アジア通貨危機を契機に新自由主義がより一層幅を利かせることとなった。

金泳三政権の後を受け発足した金大中政権（一九九八～二〇〇三年）は進歩派（革新派）政権であったが、その教育政策にはしばしば新自由主義的な手法が採用された。たとえば、二〇〇〇年に始まった「頭脳韓国２１（Brain Korea 21）」（通称「ＢＫ２１」）は、それまでの韓国ではみられなかった大型の高等教育支援事業であったが、競争的資金に基づく事業であり、「選択と集中」の論理に基づくものであった。その後の政権から現在に至るまで、ＢＫ２１の後継事業を含め多くの支援施策がおこなわれてきたが、いずれも競争的資金を通じた支援という形態をとっている。

新自由主義的な手法が取り入れられたのは、高等教育だけではない。盧武鉉政権（二〇〇三〜二〇〇八年）には公募制校長の導入の議論が本格的に始められた。二〇〇七年から試行的に導入された公募制校長は、二〇一一年から正式な任用制度として実施されている。二〇〇八年に政権を引き継いだ李明博政権（二〇〇八〜二〇一三年）は、従来抽出調査であった全国学力調査を悉皆調査に切り替え、学校ごとの結果を公表することとした。その狙いのひとつに、学校間の競争を促すことで学校教育の改善を図ることがあったことは言うまでもない。また、実験的に取り組まれていた「教員能力開発評価」が本格的に導入されたのもこの時期である。二〇一一年から全面的な実施が始まったこの教員評価制度は、管理職のみならず同僚教員が評価に関わるほか、保護者や児童・生徒も評価に加わるという点で画期的であった。

このように、初等中等から高等まで新自由主義的な手法は教育政策にも広く取り入れられたが、いくつかの局面では「大きな政府」の顔ものぞかせた。たとえば、歴史教科書の再国定化の試みがあげられる。李明博政権に続く朴槿恵政権（二〇一三〜二〇一七年。二〇一七年に大統領弾劾により罷免）は、検定教科書であった歴史教科書を国定教科書とする施策を進めた。軍事政権期においては歴史教科書をはじめとする多くの教科書が国定であったが、二〇〇〇年代に入って検定教科書へ移行する動きが顕著にみられるようになった。歴史教科書は最後まで国定教科書として残っていた教科書のひとつであったのだが、最終的に検定教科書へと移行したところであった。しかし朴槿恵政権は、これを「再」国定化したのである。ただ、朴槿恵元大統領が不正資金疑惑などで罷免され（その後、収賄罪などで実刑判決）、進歩派の文在寅政権（二〇一七～二〇二二年）が成立すると、歴史教科書は再び検定教科書へ戻された。

政府が関与を強める領域は、ほかにもある。高等教育の奨学金事業もそのひとつだろう。李明博政権期に始まったニードベースの給付型奨学金制度は、年々拡大を続け、資産レベルに応じて給付額には幅があるものの、支給対象や支給額を漸次拡大している。保守、進歩にかかわらず、政権がこうした教育分野の経済的支援の強化に傾斜するのは、少子化対策がまったなしの状況だからである。

少子高齢社会を迎えて

少子化の要因はさまざまに指摘されているが、教育費もそのひとつである。私教育費を含めることで高額になる教育費は家計の大きな負担となり、少子化を促しているとされる。大学の授業料も少なくない額であり、給付型奨学金の拡充が「教育福祉」政策の一環として進められてきた。二〇二三年現在、生活保護水準であれば年間最大七〇〇万ウォン（日本円で約七六万円）、中間層でも年間最大三五〇万ウォン（日本円で約三八万円）を受給できる。

奨学金事業の拡充により低所得層の大学進学機会は一定程度保障されるようになったとされるが、今後の大学進学者数の増加はほぼ見込まれていない。一八歳人口そのものの急減が著しいからである。そのため、大学の定員削減は避けられない課題であり、大学や学部・学科の再編が進行している。その最初の計画である盧武鉉政権期の二〇〇四年一二月公表の「大学構造改革方案」では、高等教育機関の種類別統廃合のモデルが示された。そして、次の李明博政権が策定した「学齢人口減少に基づく大学構造調整推進方案」以降の計画から大学統廃合の促進が先鋭化する。政府の評価により運営に問題のある大学を「不実大学」と認定し、政府の大学支援事業や奨学金事業からそれらの大学を閉め出したのである。大学にとってこれらの措置が財政的に悪影響を与えるのはもちろんだが、政府から「不実大学」という烙印を押されることは何よりも痛い。ただでさえ学生募集に困難をきたしている地方私立大学にとってみれば、「不実大学」認定は閉鎖へ向けて外堀を埋められることを意味するからである。

このように、少子化は大学にとって重大問題であるが、社会にとっては労働人口の減少という観点で重要である。学歴社会である韓国では多くの者が大学に進学するが、卒業直後の就職率は低い。大企業志望者が多く就職浪人が絶えないことが一因だが、こうした未就業期間の長さも労働人口という観点からはマイナスである。そのため、李明博政権期に、高卒者の就職を奨励するとともに高卒就業者の大学修学も支援する「先に就職、後に進学」が始まった。就業者本人にとっては早期にキャリアの方向性を定めることで生活の安定的な基盤を構築でき、政府にとっては労働人口の確保という意味がある。高卒就業者の仕事と学修の並行が可能となるよう、企業や大学の体制づくりの支援がおこなわれている。働きながらでも大学で職務に必要な知識や技術を高めることができるという触れ込みであるが、「後に進学」は韓国社会で学歴が重要な意味を持つことを改めて感じさせるフレーズである。

そして、韓国の場合は高齢化も急速に進行している。高齢者の多くは十分な年金を受給しておらず、生活のために働かざるを得ない。より条件のよい就業のためには新たなスキル開発も必要となる。そのため、近年政府が策定する生涯学習政策の重要施策のひとつが成人対象の職業教育・訓練である。そこには、労働力としての高齢者への期待もあるだろう。五年ごとに策定される「生涯教育振興基本計画」は、金大中政権期の二〇〇二年に初めて公表された。そのビジョンは、「学ぶ楽しみ、分かち合う喜び、認められる学習社会の実現」と、趣味あるいは教養としての個人の学びに焦点を合わせている。しかし文在寅政権期の第四次計画のビジョンは「個人と社会がともに成長する持続可能な生涯学習社会の実現」、尹錫悦政権期（二〇二二年～）の第五次計画は、「誰でも跳躍し続けることができる機会。ともに味わう生涯学習社会」というように、成果として個人あるいは社会の成長を伴うことが重視されているように解釈できる。こうした変化は、「五・三一教育改革案」の基本的な方向性を維持しつつも、韓国の教育が新たな社会的課題に直面していることを示しているだろう。

コラム

国際統計からみえる韓国教育

韓国は「教育熱心な国」というイメージがある。それは、しばしばメディアを通して伝えられる受験競争の厳しさや、それに付随する塾や家庭教師といった教育産業の活発な利用などから醸成されたものだろう。また、PISAに代表される国際学力調査での優秀な成績は、教育に力を注ぐ韓国のイメージを補強する役割も果たしていると言える。それでは、韓国の教育を数値でみるとどのような姿がみえてくるのか、国際統計から探ってみたい。

まず、教育機会の側面だが、周知のとおり、就学率は高い。OECDの*Education at Glance*（日本語版は『図表でみる教育OECDインディケータ』）によると、就学前を含む初等教育段階や中等教育段階は、いずれもOECD平均を上回っている（表1-4参照）。しかし、二五歳以上の就学率になると、OECD平均が上回る。これは、社会人を含む成人が高等教育機関に在学することが珍しくない諸外国に対し、韓国は大学で修学するのが一八歳から二十代前半にかけてであることが一般的であるからと推察される。この点は、韓国と日本で共通する部分であろう。

次に、教育環境として教員一人当たりの児童・生徒数をみると、初等教育ではOECD平均が一五人であるのに対し、韓国は一七人とやや多い。前期中等教育では一三人で、OECD平均と同じ規模だが、後期中等教育だとOECD平均一三人に対し韓国は一一人である（OECD二〇二二）。教員一人当たりの児童・生徒数の大小の教育的な意味や効果についてはさまざまな議論があるが、少なくとも実態として、

表1-4　韓国とOECD平均の年齢別就学率の比較（2020年）

	3～5歳	6～14歳	15～19歳	20～24歳	25～29歳	30～39歳	40～64歳
韓国	94%	99%	86%	50%	8%	2%	1%
OECD平均	83%	98%	83%	41%	15%	6%	2%

（出典）OECD（2022）, *Education at Grance 2022*より作成。

学校段階が上がるほど教員一人当たりの児童・生徒数が少なくなっているのが韓国の現状である。

最後に教育財政に注目すると、教育熱心な社会とされているだけあって、公的な教育機関に対する財政支出はOECD諸国と同水準を保っている。初等から高等までの公教育に対する教育支出の割合を対GDPでみると、OECD平均とほぼ同じ五・一%であり、教育「強国」としての面目を保っていると言える。ただ、公教育といっても、必ずしも政府の財政負担ばかりが多いとは限らない。無償の義務教育段階を含む初等中等教育の場合は、公費負担は三・三%（OECD平均は三・三%）、私費負担は〇・二%（同〇・三%）であり、当然ながら政府の負担が大きい。しかし、高等教育段階となると様相は大きく異なる。高等教育の場合、公費負担が対GDP比〇・七%（OECD平均は一・〇%）であるのに対し、私費負担は〇・九%（同〇・五%）となる（OECD 二〇二三）。すなわち、高等教育に関しては、国・地方よりも家計などの財政的負担が大きいことを意味する。公費負担のほうが大きいOECD平均とは逆である。給付型奨学金制度の導入と拡大により、韓国でも以前よりは公費負担と私費負担の差は縮まっているが、高等教育の公財政負担の「世界水準」までにはもう少し時間がかかりそうである。

第2章 教育行政制度

慶尚南道教育庁の庁舎。道全体の教育行政を司る。（編著者撮影）

1　教育政策は誰が決める？

韓国の教育改革を突き動かすもの

韓国の教育改革のスピードは「研究者泣かせ」である。新しい制度が出来ると、その情報を収集し、分析している間に次の改革が始まってしまう。このような韓国の教育改革における制度的背景として、強力な中央集権（からの脱却）、高い教育熱、そして両者の解決としての「全人的成長のための教育」の希求がある。

周知のように、第二次世界大戦後の分断体制は、強力な中央集権体制を余儀なくさせたが、現在でも大統領は強い権限を有している。そのうえで一九九〇年以降の教育政策は、民主化運動を大きなターニングポイントとして、地方分権と学校の自律化を軸とした地方教育自治の実現に向けて急速に舵を切っている。

加えて、高すぎる教育熱がもたらす子どもたちへの悪影響や保護者の金銭的な負担は大きな社会的イシューとなり、その解決が政策に求められている。一例を挙げると、韓国政府は毎年学校以外の塾などに保護者が支出する「私教育費」調査を実施しているが、毎年上昇を続け、最近の調査でも二六兆円が支出されていることが明らかとなった。

さらにＰＩＳＡでは韓国の子どもたちの幸福度が調査国中最も低いという衝撃的なデータも出たことから、二〇〇〇年度以降は「全人的成長のための教育」も求められている。

韓国人の認識を問うアンケートにおいては、「社会の間違った点は無理をしてでも正していかなければならない」と回答した人が二〇〇二年では五七・七％の人が全面的に賛成、二八・九％の人がおよそ賛成と答えた。二〇〇四年には四一・三％の人が全面的に賛成、四六・八％の人がおおよそ賛成と答えた。いずれにしても九〇％近くの人が「無理をしてでも」正すことを要望していることがわかる。教育が「社会の間違った点」のひとつであろうことは想像に難くない。

短い任期、強い権限の大統領

韓国の教育の変化が速い理由のひとつとして、大統領制があげられよう。

韓国の大統領制はいわゆる純粋な大統領制ではなく、国会議員が国務委員（閣僚）を兼ねるなど、一部に議院内閣制の要素が加味された「変形大統領制」と称される。

大統領は国家元首として国家を代表し外交権や条約批准権を持ち、憲法裁判所の所長と裁判官等の任命権、行政府首班として国の委員の任命権、公務員任命任免権、監査委員長と監査委員任命権、中央選挙管理員の三分の一の任命権、国民会議や安全保障会議主宰権、臨時国会召集権、法律案拒否権、大統領令発布権、国軍統帥権などを有している。さらに国政の指導者として、国家の重要な政策（憲法改正等）を国民投票に付託する権限、緊急命令権、緊急財政・経済命令権、戒厳令発布権など強力な権限を持っている。

なかでも公務員や国務委員の任命権については、一二〇余名が任命の対象であり、大統領の政治的傾向に近い者が重要なポストにつき、政策を強力に実現していくと言われている。

なお、韓国の大統領は国民の直接選挙により選出され、任期は五年であり、再選はない。そのため、政権初期は高い支持率と国民の期待を背景に大胆な政策を実施できるが、任期後半はレームダック現象が起こる。そのため大統領が変わるごとに教育の方針もガラリと変わるということがありうる。よく言えば機動的、悪く言うと安定しない教育政策の背景には大統領とそれに伴う人事権がある。

さらに近年は、国民が気軽に大統領に直接意思を伝え、実現することが可能な仕組みが作られている。具体的には、前大統領である文在寅氏は国民からの要望や請願を受け付けるためにインターネットで「国民請願掲示板」を設置し、教育政策にも多くの影響を及ぼした。韓国版いじめ法と言える「学校暴力対策法」において、暴力事実を学校生活記録簿（日本の指導要録に相当）に記載するか否かについて多くの請願がなされ、法改正となったのはその一例である。

新政権ではさらに請願がしやすいように、「国民提案」という形を採用している。文在寅政権での「請願」には一定人数が必要であったが、「提案」は個人でも請願が可能になった。少数者の意見を尊重し、より機動的に政策転換していくことが予想される。他方で案件によっては対立する意見をどう取捨選択し、政策化するかが問われることにもなる。

最近では、毎年最高額を更新する私教育費問題を解消しようと、大統領が大学入試において正規の教育課程以外の難しい問題（韓国ではキラー問題と呼ばれる）の出題を制限する声明を出したことが報道された。

また、前政権では特殊目的高校である外国語高校や科学高校は、エリート校に繋がるとして廃止される予定であったが、新政権では一転、存続することとなった。このように、政権が変わると一気に教育政策がダイナミックに動いていくのが韓国の教育の大きな特徴である。

そのほかに教育関連の公共機関として、国務調査室に韓国教育開発院（ＫＥＤＩ）や韓国教育課程評価院（ＫＩＣＥ）等が設置されている。新しい政策や教育課程の導入等の際には、これらの機関が詳細な調査や公聴会などをおこない、それに基づいて原案作成が実施されている。

教育部と教育部長官

日本の文部科学省に相当する国レベルの教育行政機関として教育部がある。ただし「教育部」という名称や、所管・対象とする学校種や業務は、政権交代に伴ってしばしば変更されるのが韓国的である。戦後すぐは「教育部」でスタートしたものの、「教育人的資源部」や「教育科学技術部」などの変更を経て、現在では再び「教育部」という名称が使用されている。

初等・中学校や高等学校を対象とする初中等教育の施策を実施するのは、主に中央に設置される教育部と、広域市（日本での政令指定都市に該当）・道（日本での都道府県に該当）教育庁である。日本と異なり、学校設置や管理権等の権限を有するのは、都道府県レベルの一七「市・道」（一特別市・一特別自治市・六広域市・九道）のみであり、市町村レベルは学校教育に関する権限を持たない。

教育部は、初等学校・中学校・高等学校等、初中等教育の全体的な方向性と目標を定め、その実現を図るとともに、教育の質と水準向上のための政策を実施している。また法律や指針等に基づき、広域市・道教育庁や学校を指導監督する立場にある。

高等教育行政は、教育部が総合的なビジョンを策定し、目標達成のために競争的資金の投資事業を含む各種の政策を実施している。また大学の設置・運営基準を定め適切な運営等がなされているかについて指導・監督をおこなっている。

国立大学では政府が定める目標に基づき、学長や評議会を中心に大学運営が進められ、かつ日本と同様に法人化が進められていることから運営上の権限は拡大されている状況にある。私立大学は理事会が中心となって目標を定め大学運営がなされている。

生涯学習分野に関する行政については、教育部が生涯学習の振興政策をおこなう。具体的な業務は、同省の外郭団体である生涯学習振興院が委託を受けている。地方は国の政策や地域の人的物的資源、住民の要望等に基づいて生涯学習事業を開発実施している。なお、広域自治体の生涯学習施策については日本と異なり、自治体の長が事務を所管している。

教育部の長である長官は、大統領が任命する国務委員の一人であり、大統領を補佐し、国務会議の構成員として国政を審議する職である（日本での国務大臣に該当する）。長官は国会議員からも、民間人からも任命することが可能であるため、大統領が期待する教育政策を標榜する大学教員などの専門家や、政権に近い市民運動の代表などが任命されることも多い。そのため長官が交代するたびに各部の政策や制度が変わり、政策の一貫性が担保されないという批判もある。

二〇二二年、教育部は、六歳であった初等学校入学年齢を五歳に引き下げる案を発表した。日本でもコロナ禍で似たような議論はあったが、韓国はコロナ禍ではなく、幼児期からの私教育熱の解消のための一手だったようだが、当然大きな混乱を招いた。保護者団体（「生涯学習実現のための全国保護者会」や「私教育の心配がない世の中」等）が大反対をした結果、発表後一か月で撤回となり、その後教育部長官も辞任した。この時の長官は、行政学（教育行政学ではない）を専門とする大学教授だった。

このように教育熱をはじめとした多くの課題があることを社会が認識し、その改善のための政策が期待されている。しかしその道は険しい。

政策決定に大きな影響を及ぼす市民団体と保護者

先述の小学校入学年齢引き下げでは、保護者団体が大きな力を発揮した。このように、世論調査によると、「韓国を動かす最も影響力ある勢力または集団は？」と言う問いに対する答えの第一位は「市民団体などの非政府機構」である。

韓国の市民団体は、民主化運動の時に活発化し、盧武鉉政権においてさらにその数を急激に増やした。韓国の市民団体については、ひとつの団体が多くのイシューを扱うため、「百貨店形式」との批判がある一方、政治が市民社会から乖離した「政治遅滞」のため議会や政党に代わり、「代議の代行」をおこなっているという肯定的な評価もある。

全国区の市民団体のうち、教育問題を扱う市民団体は、現在は四つ程度あるとされている。そのうちのひとつである「真の教育のための学父母連帯」は、教育改革が構想される際には、公聴会等のメンバーとなり政策決定に影響を及ぼしている。また、全国組織で地域に支部がありそれぞれ「学父母研修」という勉強会や後述する学校運営委員会に保護者が参加するための研修などを提供している。

韓国の市民団体の特徴は「政治との相互関係の強さ」である。相互関係の「強さ」とは政府や政党と対抗しようとする競合の面のみでなく、抱き込みと共同事業による融合の側面があるが、盧武鉉政権や文在寅政権など革新政権によって融合がさらに進んだと言われている。

従来から、韓国は「渦巻型政治」と評されてきた。これはアメリカの政治学者であるグレゴリー・ヘンダーソンの提唱したもので、社会のすべての構成要素が中央権力に一極的に吸い寄せられることを指す。その渦巻を遮断する中間的集団の欠如が指摘されていたが、市民団体はその中間的集団になりうるのか、あるいは渦巻の強さを加速する存在になるのだろうか。

2　選挙で決まる地方の教育

「強い中央集権」対「急速に進む教育の地方自治」

韓国の教育が劇的な変化を遂げているもうひとつの背景が「教育の地方自治」である。

地方教育自治とは、平たく言えば（学校）教育において、何を、誰が、どう教えるかについて保護者や地域（＝地方）住民が決定し、実施する仕組みである。戦前は、日本はもとより、植民地とされた朝鮮半島でも天皇制国家主義を中心とした中央集権的（国家主義的）教育が徹底されていた。これが戦争を招いた要因であるとされ、日韓ともにアメリカの制度を範とした改革がスタートした。その制度が、地方（教育）自治であり、各地方に教育委員会を設置し、国家からもまた首長からも独立して、地方独自の教育のあり方を決定し、実施することがめざされた。

だが、一九四八年には「教育委員会法」を制定し、公選制教育委員会を曲がりなりにもスタートさせた日本とは異なり、韓国はそう順調には行かなかった。というのも、同時期に終戦と南北分断を経た朝鮮半島は戦後復興と脱植民地化を同時に進行させなくてはならず、そのうえ一九五〇年には朝鮮戦争が勃発し、壊滅的な被害を受けた。戦後復興と分断体制のなかで、大統領である李承晩、そして一九六一年の軍事クーデターで政権を掌握した朴正煕を中心とした軍事政権はアメリカから導入された地方自治ではなく、強力な中央集権体制を敷いた。

このような強力な中央集権（国家統制）が一九九〇年代になると急速に地方教育自治へと舵が切られる。その直接的な発端は、一九八〇年代に民衆の大きな犠牲を払った民主化運動により教育自治が宣言され、一九九一年三月「地方教育自治に関する法律」が制定されたことである。中央集権の弊害を目の当たりにし、犠牲を伴いながら求めた自治に対する期待は当然ながらとても大きく、地方自治実施後は教育熱を始めとした教育病理の解決のためにさまざまな政策が地方から矢継ぎ早に打ち出された。このような政策動向は、ややもすると朝令暮改で安定しないように映るが、困りごとに即座に対応しようとする機動性にも繫がっている。良くも悪くも、地方トップが変わると教育は劇的に変わり、それは学校の改廃にまで及ぶ。

二段階の教育行政システム

日韓の教育行政システムは、用語はよく似ているが内容が大きく異なる。違いは大きく分けて教育行政機関の設置段階と、教育委員会制度、そして教育監の三点に整理できる。

第一の教育行政機関の設置であるが、日本では、地方教育行政は国―都道府県―市町村の三段階にそれぞれ文部科学省―都道府県教育委員会―市町村教育委員会が設置されているが、韓国の場合は、国―市・道（日本での都道府県）のみ教育行政機関が設置され、邑・面（同・市町村）には設置されず、基礎自治体に教育行政権限がない。

日本の文部科学省に該当する「教育部」は、政権が変わると名称や所管業務が変更されることも多い。教育に関する国の政策を所管し、初等中等教育の全体的な方向性と目標を定め、その実現を図るとともに教育の質保証と水準向上のための施策を実施する。また法律等に基づき、広域市・道教育庁や学校を指導監督する。

広域市・道教育庁は一七の広域自治体（一特別市、一特別自治市、六広域市、九道）に設置される地方教育行政機関であり、他の地方行政業務をおこなう市庁及び道庁からは独立している。

なお、各広域市・道教育庁の下には、基礎自治体レベルで複数の教育支援庁が設置されているが、これは広域市・道教育庁の出先機関であり、所管地域内の初等学校や中学校等の指導監督をおこなう。

ところで日本では九〇年代以降に地方分権改革の波がおこり、教育にも影響を及ぼしたが、この分権改革は多くの場合、国から地方（都道府県）、地方（都道府県）から地方（市町村）へのものだった。

韓国の場合、地方分権（地方自治）改革といった場合、上述のように二つのレベルにおけるシステムしかないため、学校への権限委譲が多くおこなわれた。たとえば九〇年代以前には多くの教科書は、国が著作権を有する国定教科書であったが、九五年以降は漸次、民間会社が著作権を有する検定教科書になるとともに、その検定教科書のなかから各学校が教科書選定をすることができるようになっている。どの教科書を選ぶかは、後述の学校運営委員会で保護者や教師代表、地域住民らが選定することができる。結果として、学校の有する権限や予算規模も日本よりも相対的に大きくなっている。実際、韓国の学校を訪問してみると、日本の学校事務室に比べて、韓国の学校の事務室（「行政室」という）は職員数も多いうえに、「オフィス」の様相を呈していて、いかにも「行政室」という印象である。

このように学校へ教育に関する権限が委譲され、その運営が可視化されたこともまた、教育改革への期待や要望が高まる要因であろう。

教育委員会＝教育専門の議会？

違いを述べるにあたり、まず日本の教育委員会について概観しよう。日本では、前述のように都道府県レベル、市町村レベルいずれにも教育委員会が設置される。教育に関する事務執行の責任者である教育長、特別な付属機関である教育委員会の委員のいずれもが議会同意を得て、首長（都道府県知事又は市町村長）が任命する。首長は教育についての予算編成権を有し、総合教育会議を主宰し、大綱的方針を決定する。教育委員会はその大綱的方針の審議や教育長の事務執行を点検評価し教育内容の基本的な事項等を決定している。

この仕組みだと、一般市民は、誰が教育委員かを知ることすら難しい。各自治体のホームページを見てもかろうじて氏名やプロフィールはわかるものの、教育委員それぞれの教育的信念などはうかがいしれない。そのため多くの人にとって、（合議体としての）教育委員会はなじみがなく、むしろ何か学校で問題があったときにメディアで謝罪をする「教育委員会事務局」のほうがまだイメージがしやすいかもしれない。

これに対し、韓国の教育委員会は、広域市・道議会に設置される常任委員会のひとつであり、教育・学芸に関する議案の審議・議決機関である。提出された条例案や予算・決算、起債案、基金の設置・運営に関する事項、大統領令が定める重要財産の取得・処分に関する事項等、教育・学芸に関する各種事項について審議し議決する。

教育委員会は広域市・道議員のほか、教育議員と呼ばれる委員から構成される七名から一五名の定員で、教育議員が四名から八名で過半数を超えるように制度設計がされている。市・道議員は言わずもがな、教育議員も住民の直接選挙で選出されることになっている。

広域市・道議員によって一般行政部門との安定性を、教育議員（の選出）によって、教育分野における民意反映のバランスを考慮したものと考えられるが、議員の選挙や教育議員の選挙において彼らの教育的信念が明らかにされたうえで投票されるので、市民の教育改革への認知と期待も高まるのも納得できよう。

「教育監」＝教育市長が進める大胆な教育改革

独任制の広域市・同教育長の長である教育監は、地方の教育・学芸に関する事務の執行機関である。

住民の直接選挙により選出され、任期は四年間、最大で三期まで再任が許されている。教育監の選挙権は当該地域に居住する二五歳以上の者のうち、幼稚園を含む初等中等教育機関と高等教育機関の教員あるいは教育行政に携わる公務員として五年以上の経歴があるものに与えられる。

国会や地方議会の議員が教育監を兼任することはできないだけでなく、過去に一年間政党員であった者は立候補できず、また候補者は政党から推薦を受けることができない等、政治的な中立性に配慮がされている。よって教育監は政治家ではなく、市民運動の一翼を担った大学教授などが立候補することが少なくない。

日本と異なり、自治体の首長は、生涯学習以外の予算を含めて基本的に教育に関して権限を有していない。教育監が所管する事項については、地方教育自治に関する法律第二〇条に規定されているが、学校やその他の教育機関の設置・移転及び廃止に関する事項、教育課程の運営に関する事項、学校教育や保健、学校環境整備に関する事項、教育・学芸の施設・設備及び教育に関する事項、条例案の作成及び提出に関する事項、予算案・決算の編成及び提出に関する事項、所属の国家・地方公務員の人事管理に関する事項など広範であり、人事・予算権限も有している。そのため教育監は「教育市長」とも称される。

教育監も教育議員同様、選挙で選出される。しばらくは教育監も保守系が選出されたため、国―地方教育行政の方針に齟齬は生じにくく安定的だったが、二〇一〇年の教育監選挙において変化が始まった。「進歩派」と呼ばれる非保守系の教育監が六つの広域市内で誕生したのである。これらの教育監は全国学力到達度調査の実施や「学生人権条例」の制定、給食費無償など国とは異なる方針をも次々と打ち出した。その後その大胆な改革手法も相俟って進歩派教育監は増加し、二〇一八年には一七人のうち一四人が進歩教育監となったが、二〇二二年の統一地方選では、進歩系九名と保守系八名とほぼ半数になるなど保守系の揺り戻しがみられる。

3　韓国の「モノ言う」保護者たち

戦後の混乱期でも学びを！――学校を支えた保護者（会）

韓国では、戦後すぐ一九四八年に最初の憲法である第一次共和国憲法によって、教育の権利が保障された。具体的には、初等教育の義務制と無償制の導入である。

次いで一九四九年には「教育法」が制定され、義務教育年限や対象などが定められ、義務教育の屋台骨ができた。同法で義務教育の教員給与の財源は全額国庫負担としたものの、学齢人口の大幅な増加とそれに伴う学校施設の不足もあり、困難であった。

さらに一九五〇年には朝鮮戦争が勃発し、国家財政はその大半が戦費とその復旧費に充てられたため、教育財源の決定的な不足状態に陥ってしまった。

そこで、政府は「過渡期的戦略」として、憲法上は義務教育無償原則を維持したまま、受益者負担で教育条件整備を進めた。受益者負担の組織として最初の学父母組織「学校後援会」が作られたが、そこでは学校に関わる経費の約七〇％を父母が負担したとされ、負担できない子どもは就学できなかったため、大幅な就学率低下につながった。

金銭的負担解消のための「学校後援会」は「師親会」「期成会」「育成会」などの名称変更と改革を経て、韓国の高度成長もあり、次第に沈静化した。一九九〇年代になると、徴収することよりもその使途が不明瞭であること、また任意加入のはずが全員加入させること、財力のある会員が役員になり教師への不当な賛助金の温床との批判等が提起されるようになっていった。

ところで、上述の金銭的負担を主とした学父母会とは別途に、学校教育活動を支援する母の会（オモニ会）もある。交通指導や給食の手伝い（カフェテリアスタイルの学食で配膳や片付けなどを担う）や、試験監督の補助などを現在でも実施している。

学校の意思決定に関与する保護者——学校運営委員会

前出の「地方行政」でも述べたように、一九九一年地方教育自治に関する法律制定により、教育自治制が復活した。当初は国から地方への権限移譲や、教育行政の一般行政からの独立などが主な争点であったが、次第にその議論の対象が「学校自治」にも拡大していく。

そのようななかで一九九五年五月三一日に、金泳三大統領の諮問機関である教育改革委員会から出された答申「世界化・情報化時代を主導する新教育体制樹立のための教育改革方案」（五・三一教育改革案）は、学校の自律化を一気に押しすすめた。

ここでの「世界化」とは、単純な経済的な開放政策（グローバリゼーション）だけでなく、精神、社会、文化などすべての面で先進国水準に到達するための相対的な先進国化戦略だという。背景には、その直後に控えたＯＥＣＤ加盟があった。その論理構成はグローバリゼーションでもあり、ナショナリズムでもあり、初等から高等教育までを対象に全七領域六六項目の壮大な改革案でもあった。

そこでは、「現在、初中等教育学校では学校運営の自律性が不足しており、学父母の学校運営への参加が不十分であり、学校の自律的自治がなされていない。教育の住民自治精神を具体化し、学校の自律性を拡大し、学校教育の効果を最大化するために教職員、父母、地域社会人等が自発的に責任を持って学校運営する学校共同体構築が不可欠」と指摘し、学校運営委員会導入が提言されたのである。

短い期間ながら関係者への公聴会や選定された学校での試験的な実施をへて、早くも一九九六年の三月（韓国は新学期が三月から始まる）からすべての学校に設置され、運営が開始された。

学校運営委員会は、学校運営についての「審議」機関でありその対象は学校予算・決算、校長・教員の招聘、教育課程運営や教科書選定そして学校運営支援費の使用など多岐にわたる。日本人としての視点でみると驚かされるのは、大学入試等における学校推薦もその対象となっていることである。

学校運営委員は七名から一五名（保護者代表四〇～五〇％、教員代表三〇～四〇％、当該地域の社会人一〇～三〇％）で構成すると規定されており、学校関係者よりも外部の委員のほうが多くなるように設定されている。万が一、校長が審議結果を実施しない、審議そのものをしない、異なる実施などの場合には監督庁に書面で報告、正当な理由がなく実施しないなどの場合は是正命令とされていることから、最終決定権は校長に留保されているものの、議決機関に限りなく近い形で制度設計がなされていることがわかる。五・三一教育改革案は「供給者中心の教育から需要者中心の教育への転換」を謳っており、人数構成、是正命令などはその具体化であると考えられる。

このような制度をみると、教育熱の高い韓国ならなおのこと、保護者がいろいろな要求をして収拾がつかなくなるのでは、との疑問が浮かぶ。そこで数年前になるが、筆者はこの学校運営委員会が実際にどのように運営されているかを問うために議事録を収集し、ソウル市内の中・高等学校でインタビュー調査を実施した。意外にも（？）、議事録からは学校提案がそのまま通っている事例が多くみられた。

インタビューでは、校長は当初は保護者の無理難題が危惧されたが、現状としてはそのようなことはまったくないと断言した。むしろ、情報を提供し、意見を聴取することで保護者との信頼関係が構築でき、協力も得やすくなっているとのことである。保護者のほうも、学校提案を審議し、業者や内容を吟味して自ら選ぶことを通して「私たちの学校」であるとの意識が高まったとのことで、学校運営委員会で業者を選んだ給食について、「ソウルで一番美味しい給食だから、ぜひ食べていって！」と勧めてくれた（一番かどうかはさておき、確かに美味しかった）。食堂に貼られた掲示には、化学調味料無添加であること、無農薬・有機野菜を使用していることなど記載されていた。食後の片づけは保護者が当番制で手伝っているとのことだった。

学校暴力（いじめ）の解決にも保護者が参加——学校暴力専担機構

韓国では、日本の「いじめ防止対策推進法」より九年早い二〇〇四年に「学校暴力対策法」が成立し、すでに数度の改正がなされている。

写真2-1　「暴力のない幸せな学校」をスローガンに掲げ、スクールバスを支える警察官のオブジェ（筆者撮影）

本法によれば、学校暴力とは学校内外において、児童・生徒を対象として発生した傷害・暴行・監禁・脅迫・略取誘拐・名誉毀損・冒瀆・恐喝・強要・使い走り・性暴力・いじめ・サイバーいじめ・情報通信網を利用したわいせつ情報及び暴力情報の流布等により、身体、精神または財産上の被害を伴う行為（二〇〇八年改正で新設）を指す。

参考までに日本のいじめ法の定義をみると「この法律において『いじめ』とは、児童等に対して、当該児童等が在籍する学校に在籍している等当該児童等と一定の人的関係にある他の児童等がおこなう心理的又は物理的な影響を与える行為（インターネットを通じておこなわれるものを含む）であって、当該行為の対象となった児童等が心身の苦痛を感じているものをいう」。

比較してみると、日本の定義は何がいじめなのかを明言せず、被害児童の苦痛感に依拠しているのに対し、韓国の定義は、まるで犯罪の列挙である。それもそのはず、韓国の学校暴力は、やった行為に応じて、書面での謝罪に始まり、校内奉仕、校外奉仕、保護者と共に別の機関に出向いて学校暴力防止についての研修を受けることなどの措置がそれぞれ定められているのである。

その学校暴力事実の調査や被害者の保護をおこなうために学校内に設置されているのが、「学校暴力専担機構」である。専門相談教師、保健教師と責任教師（学校暴力問題を担当する教師）、保護者などで学校暴力を担当する専担機構を構成する。この場合保護者は専担機構の構成員の三分の一以上である。保護者には教師とともに、加害者、被害者への聞き取りなどをとおして、いじめの事実確認等をおこなうことが求められている。

この学校暴力（いじめ）に関しては日韓で大きな違いがみられる。日本ではいじめは学校内で起こる生徒間のトラブルという認識が強く、ゆえにその解決は学校内（教師）に委ねられる。どのような指導がなされたかは当事者の保護者でさえ知ることは容易ではない。他方で韓国においては学校暴力法が「学校外での」生徒間暴力を契機として成立したことが影響しているのか、学校内での暴力であっても主たる対応者は教師ではないという認識が通底しているように感じられる。**写真２－１**はソウル中心部の警察署の上にかけられたオブジェであるが、黄色いバス（韓国ではスクールバスとして認知される）には「暴力のない幸せな学校」というスローガンが掲げられ、そのスクールバスを警官姿の人物が抱え上げている。この写真からも学校暴力が「警察沙汰」であり、学校の教育の範囲内ではないという意識をうかがい知ることができる。

ステークホルダーとしての保護者

韓国の保護者は、従来から、日本でもあるような学校生活に対する支援に加え、学校の意思決定におけるステークホルダーとしても位置づけられている。学校運営委員会では、学校に関わる会計、教育課程運営、教科書選定、推薦入試の対象者選定等教育の専門性に関わる内容も含まれている。その後の学校暴力対策（紙幅の都合で触れられなかったが不登校対策）にも保護者代表が含まれていることが特徴的である。

韓国において保護者がさまざまな側面で学校のステークホルダーとなることが想定されている背景には、民主化運動による地方自治や知る権利の保障という「教育主体性」と、新自由主義改革での「教育消費者」性、保護者（地域）と学校が協働すると教育的効果が上がるという教育理論からの帰結が絡み合っている。実態としては、選択できることそのものへの満足や教師による不正が防止できることなどの理由から、安定的に定着した制度となりつつある。

しかしながら、推薦入試や懲戒のような教育専門的事項に保護者が関わることは、学校の不正防止への寄与は期待できるが、他方、保護者による学校への過大な要求や個人情報保護など懸念材料も少なくないように思われる。

4　教育に投資する国

「教育熱の高い」国

韓国はＯＥＣＤ諸国で一番、教育にお金がかかる国であると大きく報道されたのは、二〇〇二年のことだった。この報道での教育費は民間教育機関に保護者が支出する（私）教育費であるが、実は国レベルでも教育財政支出は小さくない。

二〇一七年の調査では初等教育から高等教育までの財政支出はＯＥＣＤ平均がＧＤＰ比四・九％で

あるのに対し、韓国は五・一％となっている。日本が四・〇％であるのに比べるまでもなく、かなり多くの財政支出を割り当てていることがわかる。韓国では一九九九年から二〇〇六年までをみると一・五倍程度の公財政教育支出の伸びがみられるが日本は一九九〇年代後半から現在まで横ばいである。

日本と異なり、教育に予算をかける韓国の背景には一九九五年の「世界化・情報化時代を主導する新教育体制樹立のための教育改革方案」、二〇〇一年と二〇〇六年の「国家人的資源開発基本計画」等により、グローバル化や情報化などに学校教育が対応できるように進めてきたことが挙げられる。また何よりも後述のように使い道を指定して徴収される教育目的税（国税、地方税）が設けられているだけではなく、目的税以外の国の税収の一部を地方の教育予算に充てることが定められているなど教育に関わる原資が確保されていることが挙げられる。このような仕組みから国の税収のうち、教育に充当された比率は、一九九八年には一二％だったものが二〇〇八年には二〇％にまで拡大した。

この拡大の要因としては一九八五年から段階的に進められてきた中学校の無償化の完了（二〇〇四年）、そして何よりも一九九九年から五歳児の一部に対しておこなわれてきた就学前教育の無償化の開始と拡大、少子化傾向があるにもかかわらず初中等学校の教員を約三八万人（一九九五年）から約四三万人へ増加させ、コンピュータ一台当たりの生徒数も一九九九年には一四・一人だったものを二〇〇八年には六・二人にするなどソフト・ハード両面での教育環境の整備を進めてきたことなどが挙げられよう。

つまり、韓国は保護者だけでなく、国もまた「教育熱が高い」のである。

財政の仕組み

国は、初等中等教育、高等教育、生涯学習政策など、すべての段階の財政を所管する。教育部は教育に必要な予算を編成し、国会の承認を得て執行するが、教育部本部の予算や教育の予算、大学の予算、教育庁の予算を含んでいる。

特徴的なのは、教育庁予算で、他の予算のように国会承認を得ることはない。教育庁の自律性を保持するため、法律に定める一定比率の予算を確保し、市・道教育庁に交付すると、市・道教育庁が条件に応じて自律的に予算を編成し、地方議会の承認を得て執行する。

なかでも初中等教育については、そのほとんどが地方教育財政交付金として地方へ配分される。日本では地方教育会計は一般会計に組み込まれ、その編成は首長に委ねられているが韓国は異なり、地方は広域自治体に設置される広域市・道教育庁が、地方教育財政として「教育費特別会計」を編成・執行する。加えて教育監は日本の教育委員会と異なり教育予算編成権を持っているため、より機動的な教育改革を実行することができる。

各学校では、広域市・道教育庁が毎年度示す「学校会計の予算編成基本指針」に基づき、配分された範囲内で予算を編成する。教職員のうち、教員は国家公務員、事務職員等は地方公務員となっているが、いずれにしても人事は、広域市・道教育庁の専管事項であるため、学校予算の対象外である。学校が独自に予算編成可能なのは、学校施設・設備や学事運営などと、学校が独自に雇用する放課後学校の講師、給食調理員（「学校会計職員」と呼称）の費用などである。

学校教育費における公費・私費の負担の形態は日韓の間で共通点が多い。たとえば、初等学校・中学校では、日本と同様、義務教育である初等学校と中学校の授業料・教科書は無償だが、文房具や制服、校外学習費などは私費負担となっている。また、給食費は原則的には有償だが、教育監による地方独自の政策で無償の地域もある。またそれ以外に各家庭は学校施設設備の整備費用に使用する「学校運営支援費」が求められており、ソウルでは二四万ウォン程度、地方では一七万ウォン程度である。この保護者から徴収された学校運営支援費は、後述の校長・教員代表・保護者らで構成される学校運営委員会で審議のうえで使用されることになっている。

①高等学校

高等学校からは、日本と異なる様相を呈する。というのも、高い教育熱を解消する目的で、大都市を中心に「平準化政策」が採られているためである。これは、普通科高校において学校ごとの生徒募集を実施せず、抽選で区域の学校に振り分ける制度であるが、韓国の場合は公立・私立もその対象に含まれている（つまり、韓国の私立学校は民設公営となる）ため、入学金や授業料は同額となるように、地方から私立学校に対して経常費支援がおこなわれる。

私学はすべての教育段階で設置されているが、その割合は初中等では二八・三％、高等教育は八五・三％に達し、初中等の私立学校への経常費支援は広域市・道教育庁の教育費特別会計から支出されている。

ソウル市の場合、「基準財政支出」（教職員の人件費、法定負担金（年金、健康保険など）、授業料免除及び奨学金支給額、学校運営費その他）から「基準財政収入」（入学金・授業料・法人移転金・その他収入）を引いた額を、「経常費支援額」として算出し支出する。

さらに、前述のように高い教育熱を背景に私教育費が家計に占める割合は大きく、社会的イシューとなっている。政府は毎年私教育費調査で実態把握し、負担軽減のため高等学校の授業料無償化を進めてきたが、二〇二一年にすべての高校生が無償化の対象となった。これまでの授業料の支出が不要となったことで、高校生一人当たり年間一五万ウォン程度が不要となった。

また韓国においては平準化に対応しきれない高い学力を有する生徒を対象として「英才教育法」を定めて英才高校や、企業との密接な協力関係にあるマイスター高校などを運営しており、このような学校も無償化の対象であることから、さらに高い財政負担が必要とされる。

②大学

一九九五年に大学認可主義から大学準則主義へ変更された。これに伴い大学は急増し一九八〇年には八五校しかなかったものが、二〇〇〇年には一六〇校を超える大学が設立された。加えてその大学の学費は二〇〇三年に授業料が自由化されたため、二〇〇一年には平均四八〇万ウォンだったものが二〇一〇年には七五四万ウォンまで上昇している。

日本では社会との隔絶ゆえに大学を「象牙の塔」と揶揄することがあるが、韓国では「牛骨の塔」と呼ばれるらしい。その意味はかつて農家で最も価値の高い家畜が牛であり、特に地方からの学生はその最も価値の高い牛を売った代金で進学をしたためにそう言われた。現在は保護者の犠牲のうえに進学が成り立つと言う意味で「人骨タワー」「母骨タワー」など不名誉な名称が付けられることもある。それでも急速な少子化もあり、地方の大学などでは経営が厳しく、日本より早く大学の合併やリストラなどが断行されている。

教育財政の財源――教育税

教育部の有する教育予算の原資は、内国税の二〇・二七％と当該年度の教育税全額からなる。

教育税は、一九八一年に暫定的な租税として導入されたのちに一九九一年恒久化され、併せて地方教育税も二〇〇一年に開始された。

教育税の財源は、次のとおりである。

①金融・保険業者の収益の〇・五％
②個別消費税法の規定に基づき納付される個別消費税額の三〇％
③交通・エネルギー・環境税法に基づき納付される交通・エネルギー・環境税額の〇・五％
④酒税法の規定に基づく酒税額の一〇％

地方教育税の財源は、次のとおりである。

・地方税法の規定に基づき納付される登録税額の二〇％
・地方税法の規定に基づき納付されるレジャー税額の四〇％

・地方税法の規定に基づき納付される住民税の均等率の税額の一〇%
・地方税法の規定に基づき納付される財産税等の二〇%
・地方税法の規定に基づき納付される自動車税の三〇%
・地方税法の規定に基づき納付されるたばこ消費税の五〇%
・取得物件に対して第一〇条の課税標準に第一一条第一項及び第一二条の税率から二%を除いた税率で算出した金額の二〇%

これらが目的税として教育に使用できることから、特に初中等では充実した教育費が確保・使用できていると考えられる。

初中等教育費は充実、だが高等教育は?

OECDの調査(二〇二二年、調査基準年度は二〇一九年)では、中高生に対する公教育費は一万七〇七八ドルで、一年間で一四%の増加であること、OECD平均は一万一四〇〇ドルであることと比較すると非常に高いが、大学の公教育費は減少し一万一二八七ドルにとどまっていることが明らかになった。OECD諸国における公教育費ランキングでは、中高生は二位、小学生は五位であるにもかかわらず大学生は下位圏の三〇位にとどまっている。

公教育費が少なければ保護者から徴収する大学授業料が高額になるため、政府は「高等教育法」を改正し、入学金を二〇二〇年度までに廃止し、学費も分割納入が可能となるようにした。

韓国では、人気が高く就職にも有利な大学は首都圏に集中しており、地方からの学生は学費と生活費で二重の負担を抱えることになる。上述のように韓国の手厚い教育費支援は受験のため私教育費が高額になると言う理由から、中高等学校段階に集中的に実施されている。就学前教育─初等学校─中学校─高等学校まで無償化された現在、高等教育がその対象に含まれるようになるのかは今後を注視していきたい。

コラム

共通する課題――子どもの貧困、少子化……抜け出す道は？

学校制度において、共通点の多い日韓だが、課題についても共通点が多い。最も緊急性を要するのは、子どもの貧困と少子化だろう。

日本においては二〇一五年の国民生活基礎調査の結果によれば、子どもの貧困率は一三・九%だそうだ。これは前回調査の一六・三%（二〇一二年）からすれば改善された数字だが、それでもなお日本の子どもの七人に一人、つまり三五人学級のうち五人が相対的貧困世帯で育っているというのは十分衝撃的なニュースである。またそのなかで特に大きな困難を抱えているのが母子世帯（ひとり親家庭）であり、そうした世帯の五〇%程度が貧困状態にあるとされている。

韓国もかつては日本と大きく変わらない結果だった。ところが二〇一七年に発表されたデータによると韓国の子どもの貧困率は六・九%となっており、日本の半分である。なおこの貧困率は一〇年ほど前に比べると大きく改善された数字である。

改善された理由として、包括的な教育福祉政策が挙げられよう。

貧困家庭や保護者が何らかの理由で一緒に暮らしていない子どもだけの世帯、孫と祖父母のみの世帯、多文化家庭など課題を抱えた世帯であると「認定」されると、生活保護、教育福祉、社会福祉などがセットで実施される。具体的には生活保護を受給し、学校では有料の放課後学習支援や学習塾などに通うためのバウチャーが配布され、入試も特別枠がある。教会や地域では貧困家庭の子どもが行くことが難しいキャンプ等の体験が提供される。加えて企業が企業による地域貢献の一環として奨学金等を準備し、就職につながる教育プログラムを提供する。

しかし貧困率の低下はこのような手厚い政策の果実ではないという指摘もある。すなわち、若者が就職や結婚が難しいことから、そもそも子どもを生まず結果として子どもの数は少なくなり、期せずして貧困率が下がったという側面である。事実、韓国の二〇二〇年の出生率は〇・八四、出生率が一・〇〇を下回るのは戦争等のよほどの異常事態といわれるが韓国はそれが数年続いている。

韓国政府もさまざまな対策を講じた。たとえば朴槿恵政権では〇歳から五歳までの就学前教育の所得制限を無償化した。また韓国の就学前教育は、日本と同様に保育所（保健福祉部所管）と、幼稚園（教育部所管）に二元化されていたが、教育課程を一元化（通称「ヌリ課程」）を導入するなど幼保一元化や、男性の育児休業等も推進されている。近年は高校の無償化や大学入学金の廃止など教育費の負担を緩和する方策も講じられた。

しかし、一九九七年のアジア通貨危機以降、大卒者でさえも就職が困難な状況への変化は見られない。二〇一一年には、恋愛・結婚・出産を放棄した（諦めさせられた?）「三放世代」という用語が生まれたが、出生率が〇を切った二〇一九年ごろにはすべてを諦めた「N放世代」となった。そこへ二〇一九年末からのコロナ禍はこのような世代の海外就業という「逃げ道」も遮断し、韓国国内企業も採用をさらに絞ってしまった。

貧困や少子化問題は、「子ども」を対象とする点で教育政策ではあるが、保護者（若者）の現状を反映する雇用政策であり、福祉政策でもある。多様な要因が絡み合っているため対策は容易ではないが、両国とも「待ったなし」の状況であるのは間違いない。

第3章 就学前から高校までの教育

小学校の朝の登校風景。韓国には集団登下校の風習がないため児童は個別に登下校する。低学年の間は保護者が付き添うこともある。（編著者撮影）

ソウル特別市内の中学校（編著者撮影）

1　学校の仕組み

日本とほとんど同じ学校システム

韓国の学校の仕組みは日本とよく似ている。本書巻末の学校系統図にあるように、韓国の学校は、幼稚園→初等学校（以下「小学校」という）→中学校→高等学校（以下「高校」という）→大学という順に積み重なっており、学校の名前も日本とほとんど同じである。ちなみに保育所は固有語を使って「オリニジプ（어린이집）」と呼ばれる。「子どもの家」の意である。

韓国の義務教育期間は日本と同じく小学校六年と中学校三年の計九年間である。この九年間は授業料などを徴収されない無償制となっており、近年は給食の無償化も進んでいる（第４章コラム参照）。なお、韓国にも私立や国立の小・中学校があるが、中学校に関しては私立も国立も公立中学校と同様に無償である。また、学校ごとに入試をおこなうことができないなど、ほとんど公立中学校と変わるところがない。これは後述するように韓国の中学校では私立や国立も含めて無試験進学制度が実施されているためである。一方、私立小学校や国立小学校の場合は学校ごとに入試を実施でき、私立小学校については授業料等を徴収することも可能である。しかし受験競争の早期化を防ぐために入試の方法は原則として抽選に限られるなど、強い制限がかけられている。そもそも私立や国立の小学校の数

表3-1　学校段階別の就学率（2022年）

学校段階	就学前（3～5歳）	小学校	中学校	高校
就学率	94.5%	98.5%	98.2%	94.5%

注：就学前（3～5歳）は保育所に在籍する満３歳以上の幼児数と幼稚園に在籍する幼児数を足した人数が満３～５歳の人口に占める割合。
（出典）教育部、教育開発院（2022a：11）及び国家指標体系から作成。

はきわめて少なく、両方を合わせても小学校全体の一・五％にしかならない。韓国の小学生のほとんどは公立小学校に通っているのである。

次に、各学校段階の就学率をみてみよう。**表３-１**は二〇二二年時点の学校段階別の就学率を示したものである。

これをみると、就学前（三～五歳）から高校までの就学率はいずれも一〇〇％に近いことがわかる。日本と同じく、韓国では現在ほぼ全員が高校まで進学する状況にある。なお韓国では近年、就学前段階や高校段階での無償化が政府の主導で積極的に推進されている。高校については一部の特別な学校を除き、二〇二一年に全国的に無償化が達成された。無償化の対象には私立高校も含まれている。日本による植民地支配（一九一〇～一九四五年）や朝鮮戦争（一九五〇～一九五三年）による混乱、軍事独裁政権（一九六一～一九八七年）による民主化運動の弾圧等によって歴史的に教育を受ける機会を制限されてきた韓国の人々にとって、憲法に示された「すべての国民は能力によって均等に教育を受ける権利を持つ」（第三一条）という教育機会均等の理念の持つ意味は非常に重い。日本では各自治体に委ねられている部分も多い高校無償化であるが、韓国では国家的な課題とされ大統領の強力なリーダーシップのもとで推進されてきた理由がここにある。

中学校入試や高校入試がない？

前述したように、韓国では公立か私立か国立かといった設置者の別にかかわらず中学校が学校ごとに入試を実施することが禁止されている。高校段階でも、都市部の一般高校（以下「普通科高校」という）については設置者の別にかかわらず学校ごとに入試をおこなうことができない。このため、大部分の子どもにとって本格的な入試を経験するのは大学入試が最初となる。

それでは、なぜ韓国では中学校入試が禁止されたり高校入試が厳しく制限されているのであろうか。それは、韓国人の高い教育熱が生み出す熾烈な受験競争を抑制するためである。少し時間をさかのぼってみていこう。今から七〇年ほど前、一九五〇年代の韓国は朝鮮戦争のダメージもあり、世界の最貧国のひとつに数えられるほど貧しかった。一般的に貧しい国では政府にも家庭にも子どもを学校に通わせるだけの経済的・時間的余裕がないため、就学率は低くなりがちである。しかし韓国は例外であり、まだ貧しさのなかにあった一九五〇年代後半には、すでに小学校就学率がほぼ一〇〇％に達していた。これが可能であったのは、保護者たちが「育成会費」等の名目で学校運営に必要な経費の一部を負担していたためである。小学校が実質的に無償化されたのはようやく一九八〇年代に入ってからのことであった。子どもの教育にはお金を惜しまないという韓国人の高い教育熱が、韓国の公教育の発展を支えてきたと言える。

さて、皆が小学校に通うようになると、今度は中学校への進学熱が高まった。当時まだ中学校は義務教育ではなく学費もかかったが、一九六〇年代半ばには中学校進学率は五〇％を超えた。この時期には私立はもちろん公立の中学校でも入試が実施されており、少しでもよい中学校に入ろうと受験競争は過熱の一途をたどった。小学校六年生たちの間には「小六病」といわれる健康障害や神経症が蔓延し、ある年には入試問題の正答をめぐって保護者たちが学校に籠城する事件まで起こっている。こうして中学校入試をめぐる競争は教育問題を超えて社会問題化していった。

政府はこうした事態の解決策として一九六九年度から中学校入試を全面禁止することとした。入試禁止の対象には当時学校数で中学校全体の四割以上を占めていた私立中学校も含まれた。以降、中学校に進学する者は居住地によって決定される「学群」（居住地をもとに通学可能な範囲内の学校をグループ化したもの）内にある中学校に無試験かつ抽選によって配定されることになった。中学校無試験進学制度は、初年度はソウル市から施行され、一九七〇年度に七大都市に拡大、一九七一年度に全国に適用された。最初の年は**写真3-1**のような抽選機が用いられたが、二年目以降の抽選にはコンピュータ（IBM1401）が用いられるようになった。これが韓国の教育において初めてコンピュータが用いられた事例となった（韓国民族文化大百科事典a）。

写真3-1　中学校無試験進学制度で使用された抽選機（ソウル教育博物館所蔵）（筆者撮影）

中学校入試を廃止した当然の結果として、今度は高校入試が激化した。そこで政府がとった対応は、一九七四年度から高校入試を禁止することであった。対象となったのは、大学進学希望者が多く受験競争過熱の「主犯」とみなされていた都市部の普通科高校であった。この政策を韓国では高校「平準化」、あるいは単に「平準化」という（第1章第5節も参照）。「平準化」は初年度のソウル市と釜山市を皮切りに順次適用地域を拡大していった。二〇二二年時点で全国一七の市・道すべてが「平準化」適用地域を有しており、ソウル市を含む七大都市では島嶼部などを除き全面適用されている。これら大都市において、高校進学者全体に占める普通科高校進学者の割合は六～八割程度となっている。彼らは競争的な入試を一切経験せずに高校まで進学してくるのである。

「平準化」が適用された地域では、まず市・道教育庁（日本の都道府県教育委員会に相当）が普通科高校への進学希望者のなかから中学校の内申成績などを基準に全体の合格者を決定する。その後合格者を抽選によって学群内の各高校に公立・私立等の区別なく配定する。近年では出願時に配定希望の高校をいくつか選べる自治体が多いが、それぞれの高校を希望する者のなかで抽選がおこなわれるため必ず希望の高校に配定されるとは限らない。また、国立大学や私立大学の附属高校に配定された場合であっても、その大学にエスカレーター式に進学できるわけではない。

以上のように、韓国では受験競争の過熱を避けるために小学校から高校に至るまで競争的な入試が極度に制限されている。しかしこのことは、受験競争そのものが存在しないことを意味しない。むしろ高校までに入試という区切りがないことで、選抜を受ける機会が大学入試に一極集中する状況になっている。多くの子どもにとって大学入試は人生で初めて経験する入試であり、それによってその後の人生が大きく左右されることになる。大学入試に必ず成功するために、高校、中学校、あるいは小学校の時から準備が始まる。皮肉なことに受験競争を抑えるために入試を制限したことが、かえって私教育（塾・予備校・家庭教師などの課外学習）の過熱を招く一因ともなっているのである。

カリキュラム面で一元化されている就学前教育

本節の最後に、就学前段階についても確認しておこう。本節冒頭で述べたとおり、韓国にも日本と同じように幼稚園と保育所（オリニジプ）が存在している。幼稚園は三〜五歳児が対象で、日本の文部科学省にあたる教育部が管轄している。保育所は〇〜五歳児が対象で、日本の厚生労働省にあたる保健福祉部が管轄している。保育所には一般的な形態の保育所だけでなく、家庭保育所（日本の家庭的保育事業、いわゆる保育ママに相当）や職場保育所（日本の事業所内保育事業に相当）、保護者協同保育所（保護者一五名以上が組合を作って設立する保育所）など多様な種類が存在している。

このように韓国の就学前教育は組織面において幼稚園と保育所に二元化されており、日本の認定こども園に相当するような機関は存在しない。しかし韓国では二〇一二年に「ヌリ課程」（ヌリ（누리）とは韓国語で「世の中」の意）という幼保共通のカリキュラムの国家基準が導入されており、カリキュラム面において一元化されている点が特徴である（杉本 二〇二二：一二六）。ヌリ課程は幼稚園・保育所とも満三〜五歳に適用されている。少し詳しく説明すると、幼稚園と保育所にはカリキュラムの国家基準としてそれぞれ「幼稚園教育課程」と「保育所（オリニジプ）標準保育課程」という別のものが存在している。しかし幼稚園教育課程全体と保育所標準保育課程のなかの三〜五歳児を対象とする部分が、ヌリ課程としてまったく同一の内容になっているのである。なお、韓国でも二〇二五年から組織的な幼保一元化を実施する計画があり、現在政府や関係機関・団体間で議論が進められているという（教育部 二〇二三：三六―三七）。

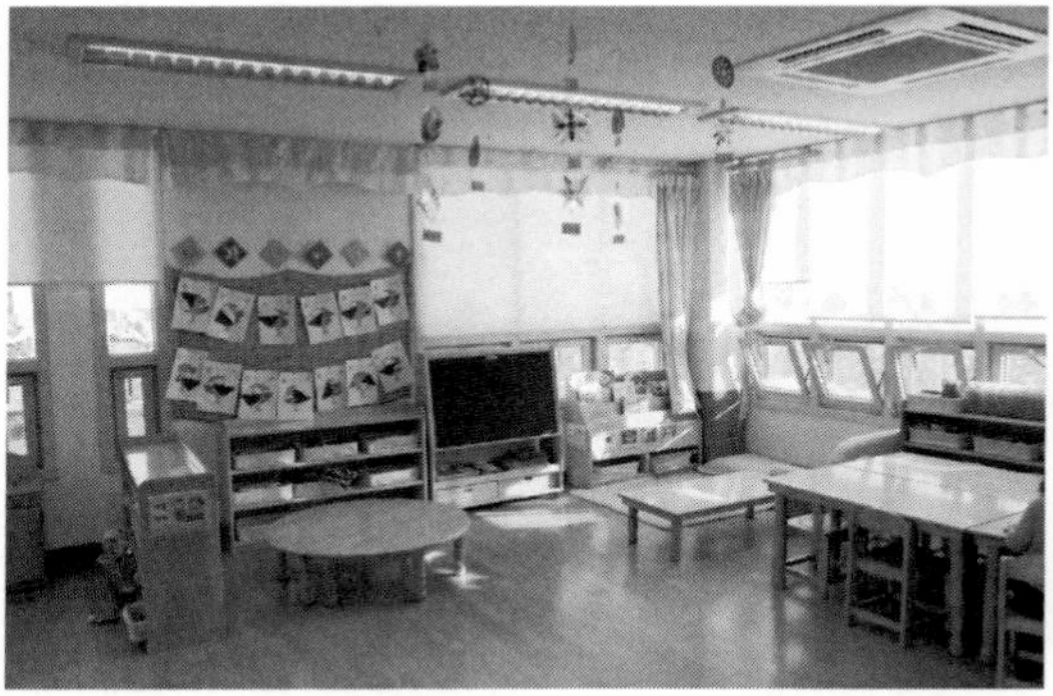

写真3-2　公立保育所（オリニジプ）の保育室（筆者撮影）

表3-2　幼児教育・保育サービスの利用率（2020年）

	3歳未満	3～5歳
韓国	63%	94%
日本	33%	95%
OECD平均	27%	83%

注：3～5歳については就学前教育サービス（ECE（ISCED 0））の数値、3歳未満については就学前教育サービス（ECE（ISCED 0））とその他登録された幼児教育・保育サービス（Other registered ECEC services）を足した数値。
（出典）教育部、韓国教育開発院（2022b: 185）より作成。

次に幼児教育・保育サービスの利用率について国際比較の視点からみてみよう。二〇二〇年時点の利用率は**表3-2**のとおりである。三～五歳の利用率では日本・韓国ともにOECD平均を超えて九割台となっており、ほとんどの子どもが小学校就学前に何らかの教育・保育サービスを利用していることがわかる。ただし三歳未満では韓国が日本の二倍ほどの利用率になっており、OECD平均と比べても非常に高い。

韓国の三歳未満の利用率が高い理由としては、女性の社会進出が進んでいることや、保護者の就労が保育所の利用要件になっておらず希望者は誰でも利用できることなどが指摘されている。さらに、保護者からの信頼の厚い国公立保育所の増設が二〇一〇年代以降急ピッチで進められてきたことや、二〇一二年から所得階層にかかわらず〇～二歳の保育が無償化されたことなども三歳未満の利用率を押し上げる要因となったと考えられる。なお二〇一三年には三～五歳についても全所得階層で無償化され、〇～五歳の保育無償化が達成されている（蘇 二〇二〇：二八-三三）。ちなみにこうした制度的な理由以外にも、「幼い子どもは母親が自ら育てるべきだ」という規範（いわゆる「三歳児神話」）が日本よりも緩いといった社会的・文化的な理由も考えられる。

2　めざすべき「人間像」とそれを実現するための教育内容

教育の究極目標、「弘益人間」とは？

韓国における教育の目的は、教育基本法第二条（教育理念）において次のように示されている。「教育は、弘益人間の理念のもと、すべての国民をして人格を陶冶し、自主的生活能力と民主市民として必要な資質を身につけさせることで、人間らしい生活を営むようにし、民主国家の発展と人類共栄の理想を実現するところにおいて貢献する」。個人の人格の完成および社会の構成員として必要な資質・能力の涵養を通じて国民形成をおこなうことを主たる目的としている点は日本の教育基本法第一条に示された教育の目的とも通じる。しなしながら韓国の場合、人類共栄への貢献にまで言及している点が特徴的である。この特徴は、「弘益人間の理念のもと」とあるように建国以来現在まで変わらぬ韓国の教育における根本理念である「弘益人間」（広く人間社会に利益を与えること）の思想に基づくものである。

「弘益人間」については第1章第3節でも少しふれているが、ここで詳しく説明しておこう。弘益人間は韓国の古代建国神話である「檀君神話」に登場する理念で、一三世紀に編まれた史書『三国遺事』には次のように記されている。桓因（帝釈天）は、息子の桓雄が下界の人間界に関心を持っていることを知り、下界に降りていき人間を広く利する（弘益人間）ように命じた。このとき下界に降りた桓雄の息子（桓因の孫）にあたるのが、紀元前二三三三年に朝鮮半島最初の国家を築いたとされる神話上の人物「檀君」である。このように韓国の建国神話は広く人間全体に資するという思想に支えられており、それが現代の教育における「人類共栄への貢献」という理念につながっている点は興味深い。

カリキュラム改革を加速しコンピテンシーを持つ人材を育成

さて、こうした理想のもと、教育の目的を達成するためにどのようなカリキュラム制度が構築されているのであろうか。国際的にみて韓国は日本と同じく教育の目的や内容に対する政府のコントロールが強い国と言える。初等・中等教育段階におけるカリキュラムの国家基準として日本に学習指導要領があるように、韓国にも国家教育課程（正式名称は単に「教育課程（교육과정）」）がある。

日本の学習指導要領はこれまでおおよそ一〇年サイクルで改訂されてきた。しかし韓国の国家教育課程の改訂サイクルはそれよりも速く、一九五〇年代から一九九〇年代までおおよそ五～七年サイクルで全面改訂がおこなわれてきた。さらに二〇〇七年からは定期的に全面改訂するシステムを廃止し、必要な時に必要な部分に随時改訂を加えつつ、数年に一度大改訂をおこなうシステムに移行した。二〇〇七年以降は二〇〇九年、二〇一五年、二〇二二年に大改訂がおこなわれており、二〇二三年時点では二〇一五年改訂教育課程が適用されている。なお、国家教育課程は二〇一五年と二〇二二年の大改訂の間になんと一〇回も部分改訂がおこなわれている。急速な時代の流れに合わせて柔軟にカリキュラムを対応させていく随時改訂システムの特徴が表れていると言えるが、改訂のたびに対応しなければならない学校現場の苦労も偲ばれる。

次に、国家教育課程に示された育成すべき人間像や資質・能力についてみてみよう。二〇一五年改訂教育課程のなかでは、「教育課程が追求する人間像」と銘打ったうえで、「自主的な人間」「創造的な人間」「教養ある人間」「共に生きる人間」という四つの人間像が打ち出されている。こうした人間像には、「自主性」「創造性」「豊かな教養」「人間性」「協調性」といった未来の韓国社会および国際社会の担い手にぜひ身につけてほしいと願う資質が反映されている。

さらに、こうした望ましい資質を備えた人間像を実現するために、学校教育の全プロセスを通じて重点的に育成すべき能力として、「自己管理能力」「知識情報処理能力」「創造的思考力」「審美的感性力」「コミュニケーション力」「共同体力」の六つの「核心力量（핵심역량）」が示されている。核心力量は英語で〝core competency〟と訳されることが多く、ＯＥＣＤの唱えるキー・コンピテンシー（key competency）概念の影響がみられる。

それでは、こうした資質・能力を持つ人材を育成していくために、どのような教科が設置されているのであろうか。小学校を例にみてみよう。

表3-3　韓国における小学校の授業時数表（2015年改訂教育課程）

<table>
<tr><th colspan="2">学年群</th><th>1・2</th><th>3・4</th><th>5・6</th></tr>
<tr><td rowspan="7">教科（群）</td><td>国語</td><td rowspan="7">国語（448）
数学（256）
ただしい生活（128）
かしこい生活（192）
たのしい生活（384）</td><td>408</td><td>408</td></tr>
<tr><td>社会／道徳</td><td>272</td><td>272</td></tr>
<tr><td>数学</td><td>272</td><td>272</td></tr>
<tr><td>科学／実科</td><td>204</td><td>340</td></tr>
<tr><td>体育</td><td>204</td><td>204</td></tr>
<tr><td>芸術（音楽／美術）</td><td>272</td><td>272</td></tr>
<tr><td>英語</td><td>136</td><td>204</td></tr>
<tr><td colspan="2">創意的体験活動</td><td>336
（安全な生活（64））</td><td>204</td><td>204</td></tr>
<tr><td colspan="2">総授業時数</td><td>1,744</td><td>1,972</td><td>2,176</td></tr>
</table>

注1：1時数は原則として40分である。
注2：時数配当は年間34週を基準とした2年間（68週）の基準授業時数を示したもので、総授業時数は最小授業時数を示したもの。
注3：実科は5・6学年群のみ実施。
（出典）教育部（2015: 8）より作成。

どんな教科があるのか——学年群・教科群って？

表3-3は韓国の小学校の授業時数表である。

これをみると、まず国語や社会、道徳といった日本でもなじみ深い教科が目に付く。一方で、日本の算数にあたるものは韓国では数学、理科にあたるものは科学、家庭科にあたるものは実科というように、少し名前の違う教科もある。小学校一・二年では統合教科として、「ただしい生活（바른 생활）」（おおよそ道徳に相当）、「かしこい生活（슬기로운 생활）」（おおよそ社会＋科学に相当）、「たのしい生活（즐거운 생활）」（おおよそ体育＋音楽＋美術に相当）がある。また、創意的体験活動は教科ではなく、おおむね日本の「総合的な学習の時間」と特別活動の内容を含む教科外活動である。

小学校三年から正式な教科として英語が開設されている点もグローバル化対応として注目すべきであろう。韓国が小学校に英語を正式教科として導入したのは一九九七年のことで、日本よりも実に二〇年以上も早かった。日本の小学校で英語教育が教科化されたのは二〇二〇年のことであり、しかも日本は五、六年が対象であるが、韓国は最初から三〜六年が対象であった。また、「学年群」および「教科（群）」といった見慣れない用語にも目がいく。これは二〇〇九年改訂教育課程から導入された制度であり、複数の学年と教科をそれぞれ束ねて運営することで週当たりの履修科目数を減らし、子どもの学習負担の軽減と学習の効率化をねらったものである。芸術を例にとると、作品の制作や曲の練習等のためにある程度まとまった時間が必要であるが、ひとつの学年群（二年間）の授業をひとつの学年（一年間）に集中させれば、週に一回三、四時数の授業として実施することも可能である。国語や数学等の教科についても同じように履修時期を集中させることで、ひとつの単元について細切れにならずに学ぶことができ、毎回の授業の導入や振り返りの時間も節約できる。また、学年・学期当たりの履修科目が減ることで、学年・学期ごとに使用する教科書の種類や実施する試験の種類を減らせるといった効果も期待できる。

さらに教科群制度については、人間と社会に関する教科である社会と道徳や、自然と事物に関する教科である科学と実科を教科群としてまとめることで、関連した内容をひとつの授業のなかで統合的に教えることができる。教科群制度は特に、各教科の内容がさほど専門的でなく複数の教科を一名の教員が教える小学校において効果を発揮する。

なお、学年群のように複数の学年を束ねて運営する制度は、イギリスの〝key stage〟やフランスの〝cycle〟など韓国以外の国にも存在するものであり、ここにもグローバル化の影響をみてとれる。

次に、教科書制度についてみていこう。

写真3-3　国定教科書の表紙（道徳科小学校3学年用）（筆者撮影）

変わる教科書制度とデジタル教科書のゆくえ

韓国の教科書制度には日本との共通点が多い。まず韓国も日本も民間の教科書会社が作成した教科書に対し国が検定をおこなう「検定制」を敷いている。検定を通過した教科書は「検定教科書」として正規の学校で利用される。韓国の場合は検定教科書以外に、教育部が著作権を持つ「国定教科書」と、市販の書籍等を教科書として使用できるよう教育部に認定してもらう「認定教科書」もある。認定教科書は国定・検定教科書がない場合や、国定・検定教科書の補助として用いたい場合に各学校が申請する。日本でも準教科書（教科書のない教科外活動などで使用する教材）や副読本を用いる場合は各学校が教育委員会に届け出て承認を得る必要があるが、韓国の認定教科書はこれを国レベルでおこなうものととらえることができる。

なお、日本と同じく韓国でもすべての学校で教科書の使用義務があり、義務教育段階では無償で一人一冊配布される。日本の公立学校の場合、設置者である教育委員会がどの教科書を使用するか採択することになっているが、韓国では国立・私立学校はもちろん公立学校でも教科書の採択は各学校の裁量となっている。なお、国定教科書と検定教科書の両方がある場合法令上どちらを選んでもよいことになっているが、国定教科書が発行されている学年・教科と同一の学年・教科では検定教科書が発行されていないため実際には国定教科書を選ぶことになる。

近年の注目すべき変化として、国定教科書の廃止と検定教科書への置き換えが加速している。二〇二三年度時点で中・高には国定教科書がないし、小学校ではかつてほとんどの教科で国定教科書が使われていたが、二〇〇〇年代以降多くの学年・教科が漸次検定教科書へと移行していった結果、全教科が国定教科書なのは小学校一、二年だけとなった。その他には三～六年の国語と道徳が国定教科書となっている（教育部 二〇二〇：三二一-三二二）。急速な時代の変化に応じて教科書の内容も柔軟に改訂していく必要があることと、教科書に対するニーズが地域や学校ごとに多様化しつつあるため、国が直接教科書を作って一律に使用させるのではなく、民間が作ったものを検定・認定しそのなかから各学校が自律的に選べるシステムへと移行しているのである。

最後にデジタル教科書についてふれておこう。韓国では二〇一五年からデジタル教科書の使用がすべての学校で解禁され、二〇二二年時点で小学校の九九・八%、中学校の九七・五%、高校の九六・三%でデジタル教科書が使用されている（教科書研究センター）。特にコロナ禍を契機に遠隔授業が拡大した結果、デジタル教科書の利用者数が爆発的に増加したと言われる。ただし、紙の教科書が使われなくなったわけではなく、むしろ二〇二三年時点では紙の教科書が主流である。デジタル教科書が存在する教科も限られており、小・中学校では社会・科学・英語の三教科、高校では英語のみとなっている。

韓国のデジタル教科書は「Edunet（エデュネット）」というクラウド機能を用いた共通プラットフォームを通じて使用する。児童・生徒は教師から配布されたアカウントでEdunetにログインし、デジタル教科書を閲覧することになる。デジタル教科書のビューアにはファイルをダウンロードして使うオフライン用とインターネットに接続して使うオンライン用の二種類が用意されているが、オンライン用のほうが使用できる機能が多く、自分の学習記録を残すこともできる。その他に、紙の教科書とまったく同じ内容のPDF（デジタル教科書に対して「PDF教科書」と呼ばれる）もEdunetで閲覧可能である。Edunetには教師用にデジタル教科書を活用した授業動画が数多く公開されている。

二〇〇八年にモデル学校で使用がスタートしたデジタル教科書だが、その後予算の問題等から長らく普及が停滞していた。しかし二〇一〇年代末から再び政府がデジタル教科書の普及・拡大に力を入れ始めており、二〇二五年から学習の個別最適化を図るためデジタル教科書にAI（人工知能）を搭載するとともに、デジタル教科書を適用する学年や教科を漸次拡大していき、二〇二八年までに道徳・体育・音楽・美術を除く全教科でデジタル教科書を適用する計画である（『聯合ニュース』二〇二三年六月八日）。ただし、現場の教師からすると現在のデジタル教科書は使い勝手がよくない部分も多いため、映像などマルチメディア資料が豊富な点や個別学習に向いている点などデジタル教科書のよいところを活用しつつ、主に紙の教科書を使って授業をおこなうといった状況がしばらく続くとみられている（『朝鮮エデュ』二〇一九年七月八日）。

3　子どもの能力・適性や社会のニーズに応じた特別な高校

多様な高校はなぜ必要とされるのか？

本章第１節で述べたとおり韓国では「平準化」によって都市部の普通科高校で入試が制限されているため学校側が入学者を選ぶことができないし、生徒側も自分が進学する高校を自由に選ぶことができない。こうした制度的な制約のなかで、いかに子どもの能力・適性や社会のニーズに応じた多様な教育機会を保障していくかが高校教育における大きな課題とされてきた。もちろん、国家教育課程の改訂により選択科目を増やして個人の選択の幅を広げたりといった工夫はこれまでも図られてきた。二〇二五年から全面実施される「高校単位制」も、そうした努力の一環である。

しかし普通科高校の枠組みの中で対応できることにはおのずと限界がある。そこで、「平準化」の大枠を崩すことなくこうしたニーズに応えるために政府がとってきた施策が、特別なニーズに対応した高校を別途作っていくことであった。このため、韓国には多様な類型・種類の高校が存在する。

どんな高校が存在するのか？

表３‐４は二〇二二年時点で韓国に存在している高校の類型・種類と学校数・生徒数を示したものである。普通科高校が学校数で全体の約七割、生徒数では八割近くを占めており、圧倒的プレゼンスを誇っている。しかしその他にも実に多種多様な高校が存在していることがわかる。これら高校の類型・種類は時代によって変化してきたが、二〇二二年時点の状況をもとに説明していこう。

特殊目的高校とは、特定分野の人材育成をおこなうための高校（Special-Purposed High School）である。科学、外国語、国際、芸術、スポーツの各分野の人材育成をおこなう高校（科学高校、外国語

表3-4　高校の類型・種類と学校数・生徒数（2022年時点）

<table>
<tr><th>類型</th><th>種類</th><th colspan="2">学校数</th><th colspan="2">生徒数</th></tr>
<tr><td colspan="2">普通科高校</td><td colspan="2">1,645（69.3%）</td><td colspan="2">961,714（76.2%）</td></tr>
<tr><td rowspan="6">特殊目的高校</td><td>科学高校</td><td>20</td><td rowspan="6">153（6.4%）</td><td>4,378</td><td rowspan="6">58,926（4.7%）</td></tr>
<tr><td>外国語高校</td><td>30</td><td>15,935</td></tr>
<tr><td>国際高校</td><td>8</td><td>3,301</td></tr>
<tr><td>芸術高校</td><td>26</td><td>14,267</td></tr>
<tr><td>体育高校</td><td>17</td><td>3,563</td></tr>
<tr><td>マイスター高校</td><td>52</td><td>17,482</td></tr>
<tr><td rowspan="2">特性化高校</td><td>代案教育特性化高校</td><td>25</td><td rowspan="2">487（20.5%）</td><td>2,465</td><td rowspan="2">182,801（14.5%）</td></tr>
<tr><td>職業教育特性化高校</td><td>462</td><td>180,336</td></tr>
<tr><td colspan="2">自律型私立高校</td><td colspan="2">35（1.5%）</td><td colspan="2">31,071（2.5%）</td></tr>
<tr><td colspan="2">自律型公立高校</td><td colspan="2">45（1.9%）</td><td colspan="2">25,338（2.0%）</td></tr>
<tr><td rowspan="2">英才学校</td><td>科学英才学校</td><td>6</td><td rowspan="2">8（0.3%）</td><td>1,999</td><td rowspan="2">2,498（0.2%）</td></tr>
<tr><td>科学芸術英才学校</td><td>2</td><td>499</td></tr>
<tr><td colspan="2">合計</td><td colspan="2">2,373（100.0%）</td><td colspan="2">1,262,348（100.0%）</td></tr>
</table>

注1：カッコ内は合計に対する割合。小数第2位を四捨五入しているので各項目の割合の合計が100.0%にならない場合がある。
注2：代案教育特性化高校と職業教育特性化高校、科学英才学校と科学芸術英才学校は法令上の区分ではなく、校名や一般的呼称に基づく区分である。
（出典）韓国教育開発院教育統計サービスより作成。

高校、国際高校、芸術高校、体育高校）に、産業界のニーズに応じた即戦力人材を育成するマイスター高校を加えた六種類がこれに該当する。マイスター高校については後に詳しく述べる。

次に特性化高校とは、生徒の能力・適性に応じて特性化された教育を提供する高校（Specialized High School）である。全人教育や体験型のエコロジー教育など独自の教育理念に基づいてオルタナティブ教育（韓国では「代案教育」（대안교육）と呼ばれる）をおこなう代案教育特性化高校、そして工業高校や農業高校、水産高校などの職業教育特性化高校がこれに該当する。後者のユニークな例としてはアニメーション高校というものもある。

自律型私立高校は、新自由主義的な教育改革を推進した李明博政権下で高校多様化政策の一環として二〇一〇年に登場した学校である。私立普通科高校が自律型私立高校の指定を受けると、カリキュラム編成や学校運営の面で一定の自律権が与えられる。普通科高校に対しては私立であっても公立と同程度の自律性しか与えられていない韓国だからこそ特別に必要とされた学校と言える。

自律型公立高校も同じく高校多様化政策を背景に二〇一〇年に登場した学校である。自律型公立高校の指定を受けるとカリキュラム編成や学校運営において一般の公立普通科高校よりも多くの自律性を与えられる。ただし、自律型公立高校の指定期間は基本的に五年限りであり、教育条件が厳しい地域の公立普通科高校を対象とした学力向上のためのモデル校的な性格が強い。

英才学校はこれまで挙げた特別な高校のなかでも特にユニークな学校であるため、次項で詳しく述べる。

ノーベル賞をとるための理数系スーパー・エリート校――英才学校

韓国も日本と同じく天然資源に乏しい国であり、厳しい国際競争を勝ち抜く際に頼みの綱となるのは人的資源のみである。特に日本の三分の一程度の人口しか持ち合わせていない韓国にとって、付加価値の高い先進技術を生み出すことのできる優秀な科学者の確保は国家の生き残りをかけた課題とされている。そうしたなか、二一世紀の知識基盤社会に対応したノーベル賞級の科学者養成を目的に、科学高校の「上位互換」として二〇〇三年に登場したのが英才学校である。

英才学校は正規の高校でありながら、「英才教育振興法」という特別な法令に基づき設立される特殊な学校である。二〇二三年時点で韓国全土に八校存在しているが、このうち六校が理数系に特化し

写真3-4　世宗科学芸術英才学校（筆者撮影）

た科学英才学校である。これらすべてが既存の科学高校からの「昇格組」である。残り二校がＳＴＥＡＭ（科学、技術、工学、芸術・リベラルアーツ、数学の五領域を横断的・統合的に学ぶ取り組み）を目的として新設された科学芸術英才学校である。また、八校のうち一校が国立であり、残り七校が公立である。一校当たりの生徒数は約二四〇〜四〇〇名であり、徹底した少数精鋭主義をとっている。

英才学校にはさまざまな特権が付与されており、まず正規の高校でありながら一般の教育関連法令に拘束されない。したがって、本章第2節で紹介した国家教育課程に関係なく各学校が独自にカリキュラムを編成することができる。また英才学校は、書類選考、ペーパーテスト、キャンプ等を組み合わせた競争的で多面的な選抜方法を用いて全国からトップレベルの人材を集めることが許されており、中学校一、二年からの飛び入学も可能である。英才学校で学べるのは全高校生の〇・二％にすぎない。

財政的支援においても英才学校は特別扱いであり、大学顔負けの学習・研究環境のなかで寄宿制による二四時間体制の教育をおこなうために、一般公立高校の何倍もの公的資金が投入される。たとえば二〇一五年に世宗科学芸術英才学校を設立する際には、同校の設置者である世宗市が四二〇億ウォン（約四二億円）もの巨費を投じた。

ここで、英才学校の生徒の優秀さを示すエピソードをひとつ紹介しよう。二〇一九年の国際科学オリンピックにおいて、韓国代表チームは物理、化学、生物学、地学の四分野で全員が金メダルを獲得し総合一位となる快挙を成し遂げた。また、数学分野においても全員が金メダルを獲得し、総合三位という好成績をおさめた。驚くべきは、韓国代表チームに占める英才学校の生徒の割合である。なんと、五つの分野の代表選手二三名のうち二〇名（八七・〇％）までが英才学校の生徒であった。トップクラスの理数系の才能が韓国全土から英才学校に結集している証拠である。こうした「選択と集中」の原理は、人口や天然資源に乏しい韓国が国際競争を勝ち抜くためにしばしば採用する戦略であり、スポーツやエンターテインメントなどの分野においてもみられる。ただし、あまりにエリート主義的で、才能ある子どもを経済発展の「資源」としかみなさないような教育政策については、韓国国内でも批判的な声がないわけではない。

次に、マイスター高校についてみていこう。

地域産業をリードする「匠（たくみ）」を育てるための学校――マイスター高校

マイスター高校は、産業界のニーズに直接対応したオーダーメード型の教育をおこなうことで、その名のとおり産業界における「匠（たくみ）」を育成することを目的とした高校である。その設立構想は高校多様化政策のなかから登場し、二〇一〇年に最初のマイスター高校が開校した。前掲の**表3-4**のとおり二〇二一年時点で五一校が存在しており、特殊目的高校のなかでは最も規模が大きい。

マイスター高校が登場した最も大きな理由は、中小企業における人材不足である。韓国には崇文の伝統があり、肉体労働より頭脳労働を貴ぶ社会的雰囲気が現在も残っている。また、中小企業の給与や福利厚生の水準は低く大企業と比べて雲泥の差である。一九九〇年代後半から大学進学率が急上昇し大卒者が増えると、頭脳労働選好の風土と相まって学歴と職業のミスマッチが拡大し、中小企業に就職を希望する若者の数は大きく減少していった。

こうした状況の突破口を開くために政府の肝入りで登場したのが、マイスター高校である。マイスター高校には、地域の産業界に優秀な即戦力人材を供給するとともに、職業系高校の先導者として行き過ぎた学歴社会を是正することが期待された。マイスター高校は全国から入学者を募集することができ、学費と寄宿舎費は無償である。低所得層の出身者には奨学金も支給されるし、男子の場合は卒業後の徴兵猶予等の特典もある。

マイスター高校は校長の強力なリーダーシップのもと、地域の有望な産業分野に対応した学科を戦略的に設置し、現地の企業と連携しつつユニークかつきわめて実践的なカリキュラムを編成・実施する。たとえば自動車産業が有望な地域のマイスター高校では自動車関連の学科を設置し、現地の関連企業が求める知識や技術を育成するためのカリキュラムを編成する。さらに、正課の授業が終わった後も地域の企業から派遣された講師による放課後教育活動が夜遅くまでおこなわれる。また、就職後一定期間現場で経験を積んだのちに大学に進学したり、働きながら大学に通うことも奨励されており、そのための支援制度も整備されている。マイスター高校の特徴は生徒のキャリアを卒業後も継続的に追跡・支援するシステムを整備している点で、企業や大学との連携により教育の場と労働の場を往還させつつ長期的なスパンで「匠」を育てていくことがめざされている。二〇二一年時点で五二校のマイスター高校が七〇〇〇を超える企業と協定を結んでいるが、協定先のほとんどは地域の中小企業である。

マイスター高校卒業生の就職率は良好で、二〇二二年時点で七七・五％となっている（『聯合ニュース』二〇二二年一〇月二六日）。これは大卒者の就職率を一〇ポイント以上上回る数値であり、若者の就職難が続く韓国においてマイスター高校の人気を支える重要な要因となっている。しかし一方で、中小企業の労働環境や高卒者に対する偏見は改善されないままであり、二〇一四年にはマイスター高校の生徒が社員からのいじめや長時間労働を苦に現場実習中に自ら命を絶つといった痛ましい事件も起こっている。マイスター高校の卒業生が地域産業をリードする人材として十分に活躍するためには、彼らを受け入れる社会の側の変化も必要であろう。

特別な高校は「高校序列化」の元凶？——不透明なゆくえ

本節でみてきたように、特別な高校はそれぞれの設立目的に応じて普通科高校が担えない機能を補完し、多様化する生徒の学習ニーズや社会からの人材需要に応えるという重要な役割を担っている。一方、これらの高校は「平準化」適用地域に位置していてもその設立目的に応じ学校ごとの入試を実施できるという共通点を持っており、なかには大学進学実績が良好で高い人気を誇る学校もある。このため、受験競争を煽り高校の序列化を招く元凶としてしばしば社会的非難の的となってきた。

特に進歩系の文在寅政権（二〇一七～二〇二二年）はその発足当初から、これら特別な高校に対し明確に批判的なスタンスをとっていた。二〇一九年一一月、ついに政府は外国語高校、国際高校、自律型私立高校について二〇二五年をもって廃止し、自律型公立高校も同時に廃止する方針を打ち出した。ただし、科学者養成という国家的課題への対応に不可欠な科学高校と英才学校、それに受験競争を煽る恐れが少ない芸術高校、体育高校、マイスター高校、代案教育特性化高校、職業教育特性化高校は廃止の対象から外された。

その後、二〇二〇年二月には関連法令の改正もおこなわれ、外国語高校、国際高校、自律型私立高校、自律型公立高校の四つは二〇二四年度末をもってその類型・種類ごと消滅することが予定されている。しかしながら、韓国では政権交代が起こると前任の大統領が決めた政策や法令が修正されたり撤回されることも珍しくない。特に外国語高校や自律型私立高校の廃止については関係者から反対の声も大きい。二〇二二年に保守系の尹錫悦政権が誕生したことで、これらの高校の廃止が撤回される可能性も出てきている（『ハンギョレ』二〇二三年六月一九日）。

コラム

学校に吹く新しい風——革新学校の挑戦

中央政府の権限が強い韓国においては、学校改革は国家主導でおこなわれる場合が少なくない。本章第3節でみた高校の多様化政策もそのひとつである。しかし二〇一〇年代を前後して地方教育行政当局の主導による新たな学校改革の風が吹き始めている。その名も「革新学校」である。

革新学校とは、児童・生徒や教師など学校の構成員が主体的に学校運営に参加することで民主的な学校文化を醸成し、学校や地域の特性に応じて自律的にカリキュラムを編成し教育・学習活動を推進することを通じて、学校の総体的な革新と公教育の改革をめざすモデル校を指す。

革新学校は二〇〇九年に当時京畿道教育監であった金相坤《キムサンゴン》の主導によって始まった取り組みであり、二〇一〇年の進歩系教育監の大量当選を機に全国的に広がっていった。自治体によっては「幸福学校」や「未来学校」など異なる名称で呼ばれるが、学校をひとつの学習共同体とみなす点や、カリキュラム編成、授業実践、学習成果の評価等において教師の専門性を重視する点、地域や保護者と学校との協働を重視する点などが共通した特徴である。こうした革新学校の理念には、日本の教育学者の佐藤学が提唱する「学びの共同体」の学校改革も大きな影響を与えたと言われる。

革新学校はもともと、一九九〇年代半ば以降の新自由主義的な教育改革による教育への市場原理の導入や校長の強い権限に基づく権威主義的な学校運営に対するアンチテーゼとして、現場の教師たちを中心に始まった「新しい学校づくり運動」に端を発している。この運動の成果に公教育改革の可能性を見出した金相坤が革新学校の構想を練り、関連制度を整備することで地方教育政策として確立したのである。二〇〇九年に京畿道で革新学校がスタートした時は一三校（小学校七校、中学校六校）にすぎなかったが、その後進歩系の教育監が各地で続々と誕生したことで革新学校の取り組みは数多くの自治体で取り入れられていった。二〇一七年にはやはり進歩系の文在寅政権が革新学校の拡大を提言するなど、国の教育政策にも影響を与えた。二〇二二年時点で革新学校は全国一七の市・道すべてで導入されており、その数は二七四六校、実に全学校数（小・中・高）の二二・九％を占めるまでになっている（韓国民族文化大百科事典c、ヤン・ヨンフィ二〇二三：一三三-一三四）。

しかしながら、革新学校が巻き起こした学校改革の新しい風は、今試練の時を迎えている。進歩系の文在寅大統領から保守系の尹錫悦大統領への政権交代直後に実施された二〇二二年の教育監選挙において、進歩系の教育監がそれまでの一四地域から九地域へと減少した一方で、保守系の教育監が三地域から八地域へと増加し、全国的に進歩系の教育監と保守系の教育監が拮抗する状態となった。保守系陣営は、革新学校の運営スタイルが学力低下をもたらしたと主張しているため、保守系の教育監が当選した地域では今後革新学校の取り組みが廃止されたり退潮する可能性が高まっている（田中二〇二三：二六四、『韓国経済』二〇二二年一二月二〇日）。

郵便はがき

料金受取人払郵便

神田局
承認

2420

差出有効期間
2025年10月
31日まで

切手を貼らずに
お出し下さい。

101-8796

537

【受　取　人】

東京都千代田区外神田6-9-5

株式会社 **明石書店** 読者通信係 行

お買い上げ、ありがとうございました。
今後の出版物の参考といたしたく、ご記入、ご投函いただければ幸いに存じます。

ふりがな お 名 前	年齢	性別
ご 住 所　〒　　　-		
TEL　（　　　）　FAX　（　　　）		

メールアドレス	ご職業（または学校名）

＊図書目録のご希望 □ある □ない	＊ジャンル別などのご案内（不定期）のご希望 □ある：ジャンル（ □ない

書籍のタイトル

◆本書を何でお知りになりましたか？

□新聞・雑誌の広告…掲載紙誌名［　　　　　　　　　］

□書評・紹介記事……掲載紙誌名［　　　　　　　　　］

□店頭で　□知人のすすめ　□弊社からの案内　□弊社ホームページ

□ネット書店［　　　　　］　□その他［　　　　　］

◆本書についてのご意見・ご感想

■定　　価　□安い（満足）　□ほどほど　□高い（不満）

■カバーデザイン　□良い　□ふつう　□悪い・ふさわしくない

■内　　容　□良い　□ふつう　□期待はずれ

■その他お気づきの点、ご質問、ご感想など、ご自由にお書き下さい。

◆本書をお買い上げの書店

［　　　　市・区・町・村　　　　書店　　　　店］

◆今後どのような書籍をお望みですか？

今関心をお持ちのテーマ・人・ジャンル、また翻訳希望の本など、何でもお書き下さい。

◆ご購読紙　(1)朝日　(2)読売　(3)毎日　(4)日経　(5)その他［　　　　新聞］

◆定期ご購読の雑誌［　　　　　　　　　］

ご協力ありがとうございました。

ご意見などを弊社ホームページなどでご紹介させていただくことがあります。　□諾　□否

◆ご 注 文 書◆　このハガキで弊社刊行物をご注文いただけます。

□ご指定の書店でお受取り……下欄に書店名と所在地域、わかれば電話番号をご記入下さい。

□代金引換郵便にてお受取り…送料＋手数料として500円かかります（表記ご住所宛のみ）。

書名	冊
書名	冊

ご指定の書店・支店名	書店の所在地域
	都・道　府・県　　市・区　町・村
	書店の電話番号　（　　　）

第4章 学校生活・文化

ある高校の食堂風景。給食を食べている。（筆者撮影）

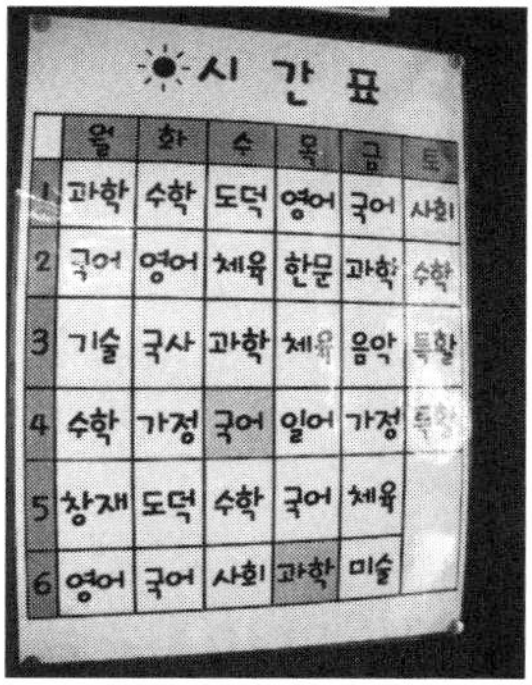

ある中学校の時間割
（筆者撮影）

ある高校の時間割
（筆者撮影）

1　ある高校生の一日

学校生活

ここでは韓国の一般的な中学生と高校生の日常について垣間見ることとする。日本の読者は韓国の中学生、高校生といって何を想像するだろうか。学校が終わっても学校や塾で遅くまで勉強していると考えた人は韓国の受験競争の厳しさについて一定の知識がある人だろう。確かに日本のマスメディアなどでも韓国の受験競争の激しさは日本の比ではないとの言説が一般化している。

筆者は二〇二三年五月から六月にかけて、ソウル近郊の京畿道に所在するA中学校とB高等学校で生徒に対して日常生活に関する調査をおこなった。中学校と高校それぞれ一校ずつ生徒へのインタビューをおこない、高校では一年生を対象に質問紙調査もおこなった。質問紙調査については七一名の生徒から用紙を回収した。以下、それらの結果を基に韓国の中高生の状況についてみてみたい。

表4−1は京畿道に住む、ある高校生の一日である。京畿道では二〇一四年に当時の教育監が児童・生徒の睡眠時間を確保するという観点から学校の始業時刻を繰り下げたことにより、小中高ともに九時登校は一般的になっている。共働き家庭では親の出勤時間に合わせて六時台に起床して朝食を早めに食べることもあり、その場合は早めに登校することも可能である。学校の授業は高等学校の場合

は五〇分授業である。中学校の場合、四五分授業で、一日に六時間目、または七時間目まで授業がある。

B高校の生徒へのアンケートで好きな教科と嫌いな教科を尋ねたところによれば、好きな教科は体育、社会（歴史を含む）の順で多く、次に同数で科学（理科）、数学であった。逆に嫌いな教科は数学、英語、科学（理科）の順で回答が多かった。体育が好きな理由は、運動が好きだからという回答が最も多い。それ以外の科目で好きな理由としては面白いとか、易しいというもの、そして先生のことが好きだからというものがみられた。逆に覚えることが多いという理由で英語や数学が嫌いと述べているものが目立つ。このことから、日本の高校生と大きく変わらない隣国の生徒の日常が想像できるだろう。

表4-1　ある高校生の一日

7:30	起床	15:00～15:50	6時間目
8:30	登校	16:00～16:50	7時間目
9:00	朝のホームルーム	16:50～17:00	掃除
9:10～10:00	1時間目	17:00	下校
10:10～11:00	2時間目	18:00～19:00	家で夕食
11:10～12:00	3時間目	19:00～22:00	塾
12:10～13:00	4時間目	22:00	帰宅
13:00～14:00	昼食	宿題、自由時間	
14:00～14:50	5時間目	0:00	就寝

（出典）B高校への生徒へのアンケート調査、及びB高等学校（2023）を基に作成。

放課後

高校生は通常、七時間目の授業を終えた後、掃除や終礼をして五時頃には下校する。中高とも一般に日本の学校でおこなわれるような放課後のクラブ活動は存在しないため、生徒の多くは塾に行くことになるが、一部の生徒は学校で実施される放課後学校での活動に参加する。

放課後学校とは、一九九六年に全国の小中高等学校で開始された「放課後教育活動」を源流とし、二〇〇六年より私教育の増加による学力格差や地域間格差を是正するために実施され始めたものである

写真4-1　中学校の授業風景（A中学校にて提供を受けた写真）

（田中 二〇一〇）。コロナ禍前の二〇一九年現在において全国の九八・六%の学校で放課後学校は運営されてきているが、放課後学校に参加するのは自由であるため、参加児童・生徒の割合は二〇一四年の七一・四%から二〇一九年には四八・六%に減少している（シム・ヒョンギ 二〇二三）。B高校の放課後学校の目的は「学校の外の課外活動を学校のなかに引き込み、学習者の興味と適性を考慮した需要者中心の教育活動として教育の効果を極大化することで生徒と保護者からの信頼を受ける教育風土を醸成」（B高等学校 二〇二三）することとされている。内容は受験に関連のあるものや趣味など、さまざまであり、八講時目の五〇分間か、夜間の九〇分間、開設されている。受講費用は無料である。

一方、放課後学校を実施する元となった月当たりの私教育費は通塾生だけをみた場合、二〇二二年現在で小学生一人当たり四三万七〇〇〇ウォン、中学生で五七万五〇〇〇ウォン、高校生の場合で六九万七〇〇〇ウォンになっており、いずれも二〇二一年度よりも増加している（一〇〇〇ウォンは約一一〇円、二〇二三年一二月現在）。通塾率は二〇二二年のデータで小学生の八五・二%、中学生の七六・二%、高校生の六六・〇%が何らかの塾に通っているが、地域間格差が大きく、たとえばソウルの児童・生徒の通塾率は八四・三%である反面、最も低い全羅南道では六七・六%であった。

塾に通う時間は一週間に小学生が七・四時間、中学生が七・五時間、高校生が六・六時間と、いずれも前年を上回っている。また、一般的に言われるように親の所得水準が高いほど月当たりにかける私教育費の額は上がる傾向がみられる。塾の種類については、小学生の間は芸術や体育、趣味教養系の塾にかける費用（全体児童・生徒を一〇〇％とする）は全私教育費の一〇％台であるが、中学や高校では一ケタ台に下がる。中高生で塾にかける費用が最も高いのは数学で、英語がそれに続く（以上、統計庁 二〇二三）。

下校後の生活

はじめに二〇〇〇年代まで韓国の高校で日常的に実施されてきた夜間自律学習について触れておこう。京畿道の場合、二〇一〇年に児童・生徒人権条例が制定されるまで夜間自律学習は全員参加が暗黙の了解であり、毎日午後一〇時、又は一一時頃まで学校で受験勉強などの「自律学習」に勤しんでいたが、条例制定後は希望者のみになった。そのため、高校の教員らに聞いても夜遅くまで学校で夜間自律学習――現在は「自己主導的学習」と呼ばれる――に参加する生徒は多くないという。むしろ多くの生徒が通うのは塾である。

Ｂ高校でのアンケート調査でも塾に通っていないと回答したのは七一名中、八名であり、無回答二名を除いた六一名は何らかの塾に通っている。そして、塾のある平日の帰宅時間は人にもよるが、二一時以降と回答している生徒が大半であり、二二時、二三時との回答も目立った。夕食がまだの生徒は帰宅してから夜遅い夕食を摂る。帰宅してから就寝までの時間には、塾の宿題やスマートフォンでユーチューブなどの動画をみたりSNSでのやりとりをする生徒が多いようである。就寝時間は一時間ごとにみた場合、一時台が三七・一％、〇時台と二時台がそれぞれ二五・七％である。睡眠時間の平均は六時間〇三分、朝の起床時間の平均は七時二二分であるから、遅寝であっても近くの学校に九時に登校することが、ある程度の睡眠時間を確保することに繋がっているとみることが可能である。学校の宿題にかける時間は平均一時間二四分で、一日二時間未満との回答が六割以上を占めるが、二時間から三時間未満も三割近くみられた。また勉強は塾や図書館で友だちと一緒にやる場合も多い。最近では勉強をするためのスタディ・カフェが存在し、このスタディ・カフェに友だちが集まり、一緒に勉強することも多いという。韓国の一定規模の地域図書館には自習室が存在し、朝九時頃から夜一〇時頃までの開館時間は中高生だけではなく一般の社会人も多く、常に多くの人々で賑わっている。韓国では中・高生に限らず、習慣的に自宅よりも、こうした共同の空間が学習の場として多く利用されている。

学校外での生活――B高校でのアンケート結果を中心に

最後に、週末や学校が休みの時の生活についてみておきたい。

中高生ともに、塾に通う生徒もいれば、家で過ごす生徒もいる。A中学の生徒らの話によれば、定期試験が終わった後に友だちと思いっきり遊ぶとのことであった。友だちと遊ぶ方法は、中学生の場合、カラオケ、ゲームセンター、インターネット・カフェに行ったり、繁華街に出かけてショッピングをしたり、みんなで食事をしたりすることだという。

B高校の生徒へのアンケート結果でも、「美味しいご飯を食べ、カフェでおしゃべり。写真を撮るところに行き、写真を撮り、思い出を残す」（一年・女子）や、「カフェに行く、映画を観る」（一年・女子）などの回答がみられた。こうした現実は韓国の中高生も日本の中高生と大差なく、交友関係は学校生活の中心のひとつになっているようである。

一方、Ｂ高校でのアンケートで将来の進路について尋ねたところ、複数名からの回答があったのは、教師、看護師、ダンサー、社会福祉士、跆拳道の指導者などである。他には警察官、建築設計士、研究員と回答した生徒もいた。理由については、教師と回答した生徒では「無難」「安定的」「子どもを教えることが好きだから」などがみられた。将来の進路に重要な基準について尋ねた質問のうち、複数の回答があったものとして、最も多かったのが「お金」である。他には、「才能」「難易度」「安定性」「健康」「ワーク・ライフ・バランス」「成績」「適性」「自分がしたいこと」「幸福」「余暇」などが挙げられていた。進路について最も心配していたり不安なことを尋ねたところでは、成績に関するものが最も多い。回答のあった六三人中、二〇人程度が成績に関わることを、進路を考えるうえでの心配事に挙げている（成績と直接書いていなくても、大学に行けるかどうか不安を持っていることも含めて）。

学校での学びや経験のなかで自身の進路に最も影響を与えたものについての質問では、無回答以外に、「ない」や「×」をつけた回答も二〇件近くみられたが、進路の時間において関心のある職業を探すことができたとの回答もいくつかあり、学校での活動や教科学習が何らかの影響を与えているとの回答が三〇件近く認められた。ただ、このなかには「成績」や「試験の点数」というものもあるので、一概に肯定的な考えであるとは限らないが、「クラブ活動」との回答が六件あり、そのなかには具体的なクラブの内容について書かれたもの（英字新聞クラブ）もあり、正課活動として実施されているクラブが生徒の進路に一定の影響を与えているということがわかる。

以上、B高校の生徒が回答したアンケート結果を中心に考察した。ここから改めてわかることは韓国の高校生にとって学校の影響はきわめて大きいということである。特に成績といったものが生徒の将来的な見通しに大きく影響を与えている。複数の国の若者を対象にした調査において、日本と韓国の若者は他の国に比べ、自身に対する意識や社会へ貢献しようとする意識が低く表れる傾向がみられるが（たとえば、国立青少年教育振興機構〔二〇二一〕や日本財団〔二〇一九〕など）、これは日本と韓国の一般的な文化的な近さということ以外に、学校文化の共通性からも来ているのではないかと予想される。

2　ある高校生の一年

年間行事

表4-2は二〇二二年度のC高校の年間行事のうち、主なものを抽出して作成したものである。細かい日付は学校ごとに異なるが、韓国の学校は通常、二学期制で、三月から一学期が始まるのが基本である。夏休みは四週間程度と、日本と同じか少し短く、春休みが冬休みと合体している学校が多い。日本のようなクラブ活動がないので夏休みや冬休みの間は原則、生徒は学校に行く必要はない。教師も規程の出勤日や新学期前以外は出勤する必要がなく、この時期に海外旅行に多く出かけている。も

ちろん、単なる遊びの旅行ではなく、研修との位置づけである。

中間試験と期末試験の二度の定期試験があるのは日本と同じである。ただ、韓国の場合、入試の種類にもよるが、高校の成績は大学進学にあたって重要になるので定期試験の出題、採点も厳格になされる。たとえば、日本の高校では教科担任ごとに各科目の試験問題を作成する場合があるが、韓国の中学・高校では学年で統一問題が出されるのが通常である。それは学級ごとに差を出さないためであり、採点においても教科担任ごとで差が出ないように厳格性が求められる。

また、学年ごとに設定されている全国連合考査は日本でいうところの全国学力調査に相当する。その他、「授業公開日」や「保護者相談週間」といった行事は名称こそ異なるものの、日本でも同様の学校行事がおこなわれている。「現場体験学習」はコロナ禍で中止された修学旅行の代わりに日帰りで設定されていることがあるが、二〇二三年現在、徐々に修学旅行が再開されつつある。京畿道にあるA中学では二〇二三年度は「現場体験学習」としてソウル近郊の大型テーマパークを日帰りで訪問していた。

そして、八月一六日より二学期が

表4-2　2022年度のC高校年間行事（一部抜粋）

3月2日	入学式・始業式
3月17日	保護者総会
3月24日	全国連合考査（3年）
4月25日～28日	中間試験
5月17日	学校公開の日
6月9日	全国連合考査（1，2年）、 大学修学能力模擬評価（3年）
6月29日～7月5日	期末試験
7月6日	全国連合考査（3年）
7月7日	5限-数学関連読後感想大会
7月19日	終業式
8月16日	始業式
8月31日	大学修学能力模擬評価（3年）
9月9日～12日	仲秋連休
10月13日～18日	中間試験
10月20日	体育行事
11月17日	修学能力試験
11月23日～25日	中間試験（3年）
11月23日	全国連合考査（2、3年）
12月14日～20日	期末試験（2，3年）
12月27日	学校祭
1月3日	卒業式、終業式

（出典）C高等学校（2022）より作成。

始まり、毎年一一月第三木曜日には大学修学能力試験があり、この日はほとんどの高校が休みとなる。年間の登校日数は一学期九五日、二学期九五日の合計一九〇日間である。一日の授業は七限目までを基本とし、それよりも短い曜日も設定されている。学校による差はあるが、毎週水曜日や金曜日などの午後の時間は「創意的体験活動の時間」として設定されており、年間計画に基づき、多様な活動がおこなわれる。

クラブ活動

韓国ではクラブ活動は正規教育課程の「創意的体験活動の時間」の四領域のひとつに位置づけられている。教育課程内で実施するためクラブは全員加入が原則で、教師がそれぞれのクラブを担当する。一般的に月に一、二回程度、午後に二時間連続で設定されていることが多い。B高校の生徒に聞いたところではおおよそ二週間に一度の割合でクラブ活動をおこなっているという。B高校の生徒のアンケートで所属クラブを尋ねたところ、「放送部」や「科学クラブ」「バンド部」「バスケットボール部」といった日本でもおなじみの活動をしている生徒が多かった。日本の文脈とは異なるものとしては「医療奉仕クラブ」「コーディングクラブ」「教育奉仕クラブ」のように進路や教科との関連性があったり、地域と連携するような活動である。こうした活動は高等学校のみならず、小学校や中学校でも正規の教育課程のなかで実施されている。「学校空間」の節で述べるように学校空間を構想する際にクラブが活用されたりもする。また、教育課程内で実施されるクラブ活動以外に「自律クラブ」と言われる、生徒が自主的に集まっておこなうクラブも存在している。たとえば、自主的に組織されたサッカークラブがあるＡ中学では、メンバーの生徒は朝七時台に登校して授業前にサッカーを楽しんでいるという。これはあくまでも希望者のみの活動であり、日本でいうところのクラブ活動に近い概念といえる。

教科とは別におこなわれる行事として、特に高校では「校内大会」と呼ばれる行事が多数存在するのも韓国の特徴である。Ｃ高校では二〇二二年度に計一九の校内大会と五八の校内行事が計画されていた。校内大会の一例をみると、「科学創意力大会」は五月二〇日に全校生徒のうち希望者を対象に実施され、領域別、チーム別に指定したうえで創意力の課題を遂行するとされている。また、「３Ｄプリンター創作大会」は希望者を対象に六月に実施され、３Ｄモデリングを活用した作品製作活動をおこなうという。こうした活動を通じて全参加者の二〇％以内を上限に受賞者を決める。韓国では学校生活記録簿（日本の内申書に相当）に学校外での活動や受賞歴を記載できないが、こうした校内大会での実績は学校生活記録簿に記載される。そのため、いくつかの問題点はあるものの、家庭の経済状況にかかわりなく学校での活動が上級学校進学において評価されるようなシステムになっている。

生徒会活動

生徒自治活動は初等中等教育法でも保障されており、奨励されている。ただ、日本の読者の経験でも言えるかもしれないが、本当に生徒の自治を尊重した生徒会自治を活性化させるには法を作っただけでは達成されるものではない。そこには担当教師の不断の努力や学校全体の理解が必要である。京畿道教育庁によれば、生徒自治活動の定義は「生徒が主体となって自身で問題を探し出し、民主的な手続きと方法により問題を解決していく過程で尊重と自律、共存と共生、正義と連帯の民主的価値を人生のなかから自然に体得していく活動」（京畿道教育庁民主市民教育課 二〇二二：二二）とされている。これは教育課程の「創意的体験活動」の四領域のうちの「自律活動」に位置づけられる。

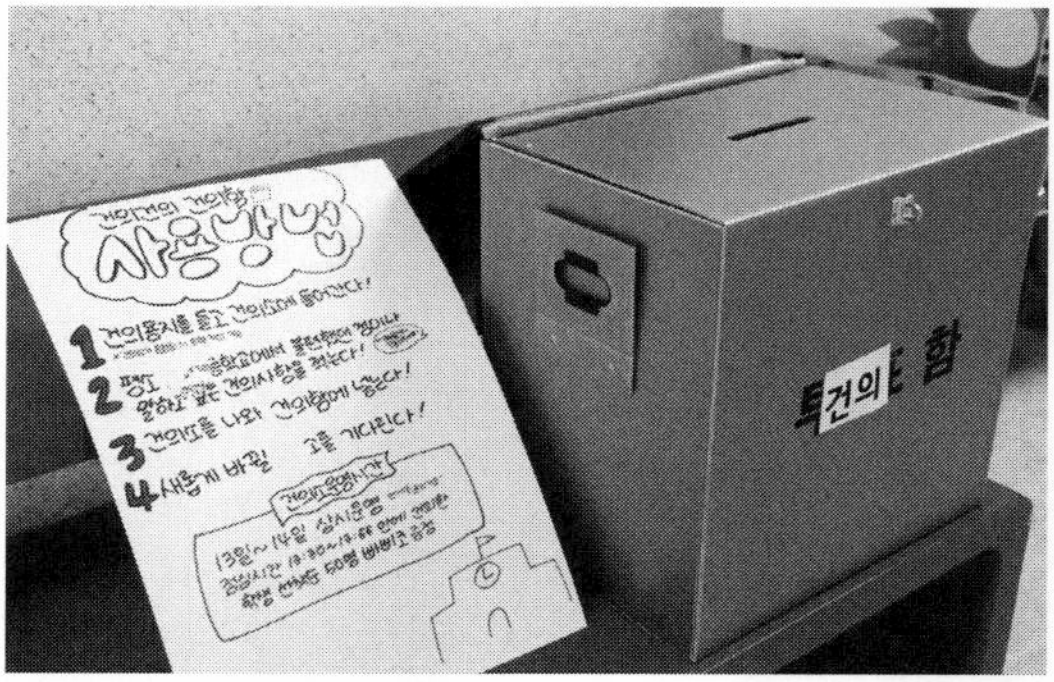

写真4-2 生徒会が設置した「目安箱」（C高校にて提供を受けた）

生徒会の組織や活動内容については学校ごとに差があるが、学級会、学年会、代議員会、生徒総会などの組織が存在し、学級単位で出された意見や議題が生徒自治会に上がっていくようになっている。会長・副会長は生徒による選挙によって選ばれるが、たとえばB高校では代議員会の下に文化芸術部や体育部、広報部、生活自治部などが置かれている。

生徒会の活動の例として筆者が過去に訪れた京畿道北部のD高校での調査では、三月に新入生歓迎のための映像を制作したり、四月には二〇一四年四月一六日に大勢の修学旅行生を乗せたまま沈没した旅客船「セウォル号」の犠牲者を追慕する行事などをおこなっている。

学校側と生徒の利益を代表して交渉したりすることをおこなっている学校もあるが、実際の生徒会活動は行事の運営などが中心のようである。また、京畿道における児童・生徒人権条例では学校の重要な決定をおこなう際に生徒の意見を聞くことが規定されているが、生徒の自治的な活動が活発かどうかは学校ごとの差が大きい。これは、中学校と高校という生徒の発達段階による違いに加え、生徒の自治の精神は民主市民教育等の実施の度合いを通じて変化していくものであることを示しているのではなかろうか。

生徒指導

特に小中学校において、学級における当番活動は日本の学校と同様、重視されている。筆者が二〇一〇年頃に学校給食や清掃活動の観察のためにいくつかの韓国の小中学校を観察した際、掃除当番の分担や給食の配膳指導[1]がおこなわれていたが、学級ごとにさまざまな指導が展開されていた。たとえば、ある学級では掃除当番と給食当番を含めて班ごとに分担が組まれており[2]、一学期間の役割が固定されていた。一定期間同じ役割をすることで担当の役割をうまくできるようになることがめざされていたが、別の学級では週ごとのローテーションであった。ローテーションをさせるねらいはさまざまな役割を経験させることでそれぞれの役割が「たやすいものではない」ことを実感させるためであると、指導の教員からきいたことがある。たとえば給食の配膳時に人気のあるおかずの配膳分量の過小で争いが起きる際にも、同じ分量を配分することの難しさをそれぞれに経験させることで他者を理解することに繫がるとの認識であった。このような事実を前に、学級ごとに担任のやり方によってさま

（１）当時は都市部を中心に食堂がない学校が多く、そうした学校では担任が給食指導をおこない、教室で当番が配膳作業をおこなっていた。

（２）韓国の学級でも班は存在するが、当番を分担する際に活用されるなどに限定されている場合が多く、日本の班と比べ重要度は高くないように思われる。

ざまな指導の形態が容認されていることを指摘したことがあるが（出羽 二〇二三）、教師の自律性に任せて学級指導に一定のバリエーションが存在するのは教師の専門性の認定と関連しているのではないかとも考えられる。

最後に、いわゆる校則違反をした児童・生徒への生徒指導のやり方についてもみておく。本章第4節でも言及しているように韓国では二〇〇〇年代になるまでは体罰による生徒指導は一般的であった。しかし、児童・生徒人権条例で体罰禁止を明文化する自治体が出てくるなかで生徒に対する強圧的な指導は影を潜めている。体罰が禁止された当初は「グリーンマイレージ制」といわれる罰点制が導入され、当初、一定点数以上が累積されると奉仕活動や停学などの措置が執られたが、その後はこれ自体も適切ではないということになり、現在の生徒指導の主流は相談活動になっている。B高校では、生徒指導は生徒健康安全部という分掌が担当しているが、規模の小さな学校では学年部のなかで担当していることもある。B高校では「回復的生活教育規則」として集団の領域と個人の領域に分けてそれぞれ九つずつ指導対象の例が示されている（B高等学校 二〇二三）。たとえば、集団の領域には「授業準備及び態度が不良な生徒」や「授業中許可なく席を離れる生徒」が示され、個人の領域には「私製の体育着、私服、スリッパで登校する場合」（学校の体操服自体は制服のひとつとして日常的着用が認められている）や「原色系の染髪、脱色の場合（生徒部署が判断）」とある。

これらの規則に違反した場合の指導法も段階別に記載されており、たとえば一段階目の指導内容として儒教の名言を書く作業や、放課後に校内環境浄化活動（いわゆる清掃活動）が示され、「自己省察の方法」として省察文を作成する作業が提示されている。興味深いのは五段階目（複数回、指導対象となった場合）に生徒人権安全部長の指導や、教頭先生と山登りをすることが示されている点である。教師による生徒指導は「即効的」で強圧的なものから、子どもの精神発達を考慮した中長期的なものに変化してきたとみてよいだろう。

3　子どもを取り巻く問題

学校暴力

日本において学校で発生する児童・生徒に関連する教育問題と言えば、いじめ、不登校、非行、体罰などが思い出されるのではないだろうか。そこで本節ではまず、いじめの発生状況やいじめ防止のための政策を中心に取り上げ、不登校問題についても言及したいと思う。

いじめや他の生徒に対する非行は韓国の文脈では学校暴力に含まれる。韓国でいじめが社会的な関心事となってきたのは一九九〇年代初頭で、九〇年代半ばにはいじめ自殺事件が社会的な関心事となった（松本 二〇一三）。韓国では二〇〇四年に「学校暴力予防及び対策に関する法律」（学校暴力対策法）が制定され、その後、一部改定を複数回にわたって繰り返してきたが、二〇〇八年、そして二〇一一年の大邱でのいじめ自殺事件を契機に二〇一二年に全面改正された。このときの改正により加害者への厳罰化の方向が強化された（李定玫 二〇二一：三八-三九）。同法第二条では学校暴力の定義を

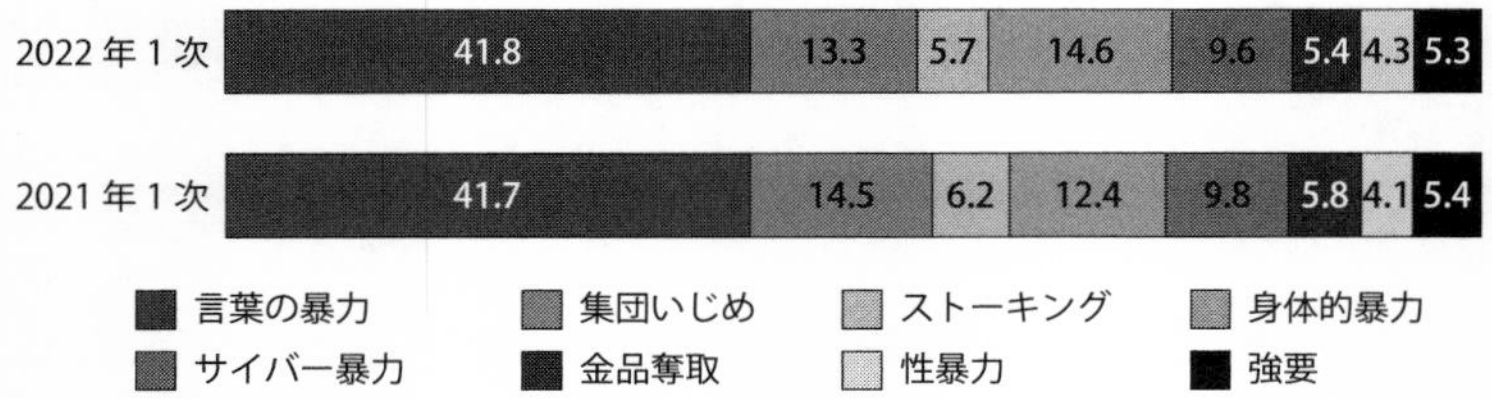

（出典）教育部（2022: 2）の図より作成。

図4-1 2021年から2022年にかけての学校暴力被害類型割合

「学校内外で児童・生徒間に発生する傷害、暴行、監禁、脅迫、略取・誘引、名誉毀損・侮蔑・恐喝、強要・強制的な使い走り、及び性暴力、いじめ、サイバーいじめ、情報通信網を利用したわいせつ・暴力情報などによって身体・精神又は財産上の被害を与える行為」とし、いじめ（따돌림）の定義は「学校の内外で二名以上の児童・生徒が特定の人や特定の集団の児童・生徒を対象に持続的、反復的に身体的又は心理的攻撃を加え相手が苦痛を感じるようにするあらゆる行為」としている。日本で言うところのいじめは、韓国において学校暴力という枠組みで対策がおこなわれている。したがって本節では原則として学校暴力の語を用いる。

二〇二二年第一次学校暴力実態調査[3]によれば、学校暴力の被害を受けたとの回答の割合は全体で一・七％（小学校三・八％、中学校〇・九％、高校〇・三％）、自分が加害者であるとの回答は全体で〇・六％（小学校一・三％、中学校〇・三％、高校〇・一％）であった。**図4-1**は学校暴力の被害の内容について二〇二一年と二〇二二年の結果を比較したものである。これによれば、言葉の暴力が四割を占め、身体的暴力や集団いじめ、サイバー暴力などが続く。

九〇年代中頃に社会を震撼させる学校暴力事件が発生し、対策として韓国が選択したのは加害者に対する厳罰化であった。日本ではいじめはあくまでも教育問題であり、少なくとも制度的には学校や教育委員会が解決すべきとの認識での対策がおこなわれてきた。これは加害者と被害者が固定的ではないいじめの特性を踏まえた対応ではあったが、一方でいじめにうまく対応できない教師、学校、教育委員会が強烈な批判に晒された。韓国の場合は学校暴力対策法によって学校に責任が集中する事態にはなっていないものの、加害者への厳罰化は別の問題を生み出している。

学校暴力予防法をめぐる葛藤

二〇二〇年に改正された学校暴力対策法によれば、学校暴力への通報が教師や教育庁に置かれた通報窓口などに届いたら、学校は必ず教育庁にその事実を通告し、教育支援庁において学校暴力対策審議委員会（以下「学暴委」という）が開かれる。被害者とその保護者が学暴委の開催を望まない軽微な事件の場合は校長が解決することができるが、その場合でも校長の意図的な判断ができないような対策がとられている。そして、学暴委で審議の結果、**表4-3**のような処罰が加害者に科されることになる。一号から三号までに該当する初回の場合を除き、こうした処罰の記録は学校生活記録簿に記載される。韓国において学校生活記録簿に本人に不利益な内容が記載されることは、学業達成への重

(3)　学校暴力実態調査は、毎年二回、全国の小中高等学校の生徒を対象にウェブサイトでアンケート調査をおこない、学校暴力への関与や目撃の有無などを尋ねている。二〇一八年度からは年二回のうち、一次調査は悉皆調査、二次調査は抽出調査となった。

表4-3　加害児童生徒への措置事項（「学校暴力対策法」第17条第1項）

		学校生活記録簿への記載領域	学校生活記録簿削除時期
1号	被害児童・生徒に対する書面による謝罪	行動特性、及び総合意見	・卒業と同時（卒業式以後から2月末の間の、卒業生への学籍反映以前） ・学業中断者は該当児童・生徒が学籍を維持した場合を仮定して卒業する時点
2号	被害児童・生徒、および通報・告発児童・生徒に対する接触、脅迫及び報復行為の禁止		
3号	学校での奉仕		
4号	社会奉仕	出席状況、特記事項	・卒業日から2年後 ・卒業直前、学校暴力を担当機構の審議を経て卒業と同時に削除可能 ・学業中断者は該当児童・生徒が学籍を維持した場合を仮定して卒業した時点から2年後
5号	校内外の専門家による特別教育の履修、又は心理治療		
6号	出席停止		
7号	クラス替え	行動特性、及び総合意見	
8号	転校	人的・学籍事項、特記事項	・卒業日から2年後
9号	退学処分（高校のみ）		・削除対象ではない

（出典）教育部・梨花女子大学学校暴力予防研究所（2023: 83）より作成。

大な不利益をもたらすことを意味する。中学生の場合は特殊目的高校や自律型私立高校といった進学に有利な高校への入試で、高校生の場合は学校生活記録簿を活用した大学入試で大きな障害となる。そこで、学暴委で処罰が下された場合、加害者側の保護者は処分を軽減するか、処分自体を取り消すために行政審判に訴えたり、行政審判でも決定が覆らなければ行政訴訟、つまり裁判を起こすことがある。

学校暴力をめぐる裁判は増加している。『週刊時事ＩＮ』のピョン・ジンギョンと金ヨンヒの両記者が二〇二〇年三月から二〇二三年二月までの三年間に学暴委の処分取り消しを求めた行政訴訟四〇六件を分析したところによれば、全体の約八割が加害児童・生徒側によって訴えられたものであるという（『週刊時事ＩＮ』二〇二三年四月一日号）。以下、同記事に基づきこの問題について概観する。二〇二二年には全国の小中高等学校で学暴委は約二万件開かれているというから、裁判にまで至るのは一％にも満たないことが推察される。学暴委の決定に不服を申し立てて裁判までおこなうのは学校生活記録簿への加害事実を何とかして削除する、もしくは小さくするか、結論を長引かせて学校生活記録簿への記載を避ける目的があると言われる。加害者が裁判で勝訴する割合は二五％で、被害者が訴えた場合の勝訴の割合（五・四一％）よりもはるかに高い。裁判では学暴委の事実認定が争われる場合と、処分までの手続きの瑕疵の有無が争点になる場合がある。ここからみえてくるのは、裁判費用を捻出するだけの経済力があったり、法律の細かいところを知り尽くす法律のプロである保護者が圧倒的に有利だということである。一方で、上級学校への進学を希望しない生徒が加害者の場合、こうした措置はあまり意味を持たない。

実際、二〇二三年二月に尹錫悦大統領から国家捜査本部長に指名された弁護士である鄭氏の息子が韓国を代表する名門私立高校に在籍時に、同じ寮の部屋に住む生徒を一年にわたり罵り続け、それにより学暴委にて強制転校措置が出されたが、これを不服として最高裁判所まで訴え続けた事件が明るみになった[4]。それから約二か月後の四月一二日に学校生活記録簿に記載された学校暴力の加害事実を卒業後四年間にわたって保存することや、学校生活記録簿を直接用いずに修学能力試験（全国統一試験）で選抜する大学入試でも加害事実を反映できるように変更することが教育部より示された（教育部 二〇二三）。

（4）鄭氏の息子は結局、最高裁で敗訴してソウルの一般高校に転校したが、同校に設置された学暴委において卒業前に学校暴力加害の事項が学校生活記録簿から削除されたことも疑惑に挙げられた。

日本と韓国で共通するのは学校や教師への保護者の不信感である。学校がいじめを解決してくれるとの信頼が両国とも高くないと思われる。韓国は厳罰化の方向に進んだ結果、いじめは犯罪との認識が強くなった反面、文化資本、経済資本を持つ富裕層が有利な方向に進んでいる。日本は学校での解決が期待されているものの、混沌とした状態にあるというのが現実ではなかろうか。

不登校・学業中断率

韓国では不登校という言葉は使われず、「登校拒否」との用語が使われる。韓国において辞書的な意味での登校拒否は「学校に行かなければならないというのは認識しているが心理的、情緒的要因と学校に対する否定的な考えと感情によって学校に行きたくなく、間欠的、又は継続的に欠席をするようになる状態が発生するが、そのうち非行、経済的理由、家庭の事情などによる欠席とは区分されるもの」とされる（許ジュヨン／ユ・ミスク 二〇一九：四二、チェ・チョルフェの修士論文からの再引用）。このような前提のもとで連続して五日以上欠席をするか、年に三分の一以上を欠席した場合、「登校拒否」に該当することになる。日本のように不登校が誰にでも起こりうることとの認識はなされていないものの、二〇一三年より学業中断の危機にある児童・生徒を対象に学業中断熟慮制が導入され、該当の児童・生徒は地方教育庁によって相談員への相談を受けることができるようになっている。ただ、不登校者（韓国で言うところの登校拒否者）を示すデータは存在しないため、不登校者の全容を明らかにするのは難しい。公式データで認められるのは学業中断率である。

学業中断とは小中学校の場合は疾病や長期欠席、未認定留学といった理由で通学が「猶予」または

「免除」されているもののことであり、高校はそれに加えて「自主退学」「退学」「除籍」が含まれる。二〇二一年現在の学業中断率は、小学校が〇・六%、中学校が〇・五%、高校が一・五%であり、一九八〇年以降、増減があるものの、小学校を除いては減少傾向である（教育部・韓国教育開発院 二〇二二）。ちなみに、日本では「何らかの心理的、情緒的、身体的、あるいは社会的要因・背景により、児童・生徒が登校しないあるいはしたくともできない状況にある者」のことを指し、二〇二一年現在の不登校者の割合は、小学校で一・三%、中学校で五・〇%、高校で一・七%である（文部科学省初等中等教育局児童生徒課 二〇二三：四―五）。

つまり、韓国では日本に比べて不登校者の状況は潜在化していると言える。そこで筆者は、二〇二三年八月に京畿道に所在するA中学を訪問し、校長と教頭から不登校をはじめとする要保護生徒の現況について話を聞いた。以下はその内容である。

まず、「登校拒否」の状況であるが、ソウル江南のように富裕層が居住する教育熱の高い地域では勉強のストレスなどにより登校できなくなる生徒がいるが、A中学の場合は親が子どもの教育に関心を持っていなかったり、そもそも勉強嫌いなどで登校ができない生徒はいるという。同校では継続的なケアの必要のある生徒は全校生徒の約一〇%いるとのことであり、その四分の一にあたる五名程度は長期欠席の傾向があるという。これらの数は校長らの認識では全国的な状況よりも多いほうである。長期欠席の要因として、交友関係の問題、家庭の問題、そして多文化家庭の三つの要因が挙げられるという。連続して五日以上欠席をしたり、三分の二を下回る出席率にならないように、たとえば朝だけ顔を出してそのまま帰るなどの場合でも出席扱いをしている。課題をかかえた生徒の保護者とのやりとりは保護者が学校に来ておこなっており、本人や親と連絡が取れずにどうしても生徒の家庭に訪問する必要がある場合は社会福祉士などの専門職の人々と一緒に訪問することが法的に決められているとのことである。

それでも就学が困難な生徒は代案学校に行くことになる。特に公立型の代案学校の教師は多くの困難に直面しながらも、地域社会の力を借りながら不登校であった生徒が学校に適応できるようなプログラムを作って実践しているとされる。

ところで、A中学は「生徒のニーズに合わせた統合支援のための先導学校（実験学校）」事業を二〇二三年、教育庁に申請した。その計画書によれば、困難を抱えた生徒を支援するために、①学校不適応予防プログラム、②危機生徒の成長支援プログラム、③基礎学力不振生徒の克服のためのプログラムが計画されている。具体的には、学校への適応に不安を抱えた生徒を未然に発見するためのプログラムや、不適応傾向の生徒が同級生や教師と一緒に文化体験に出かけるプログラムなどが計画されている。

A中学の校長は、本来不登校のような問題が発生しないような社会システムを構築するのに労力をかけなければならず、市民がそうした政策をおこなえる政治家を的確に判断して選べるような能力を涵養する必要があり、そのためには民主市民教育が重要だと述べていた。不登校をゼロにするのは難しいいし、それ自体が正しい政策かどうかはわからない。ただし、学校に通うことを苦痛に思う児童・生徒を未然に発見し、そうした児童・生徒に必要な支援をしていくことは重要である。教師の熱意が実現できるような制度の充実が求められる。

4　人権親和的学校文化づくり

進歩教育監の誕生と京畿道児童・生徒人権条例

日本の学校で体罰が社会問題化してから久しい。実は日本では学校教育制度創設初期の一八七九年に教育令第四六条で体罰の禁止が明文化されている。世界的にみてもかなり早い時期から法律で体罰が禁止された国であり、一時期を除いて現在の学校教育法第一一条での規定に至るまで法律上、体罰は禁止されてきた。ただ、現実は言語的な体罰を含め、依然として社会問題であり続けている。それに対し、韓国で学校での体罰が法的に禁止されたのは二〇一一年に、初・中等教育法施行令で道具や身体を用いて児童・生徒への身体的苦痛を与えることが禁止されてからである。

しかし、過去、韓国では児童・生徒への学校での体罰は肯定されるものとの雰囲気が強く、現在でも体罰禁止が明文化される前に学校に通っていた三〇代以上の世代にとっては学校での体罰は当たり前であった。この要因として、日本の植民地期から引き継がれてきた文化であるとの説や、軍事独裁政権をはじめ暴力で社会が統制されてきた韓国の過酷な現代史の産物との見方もなされてきた。

体罰によって学校の秩序を維持するとの価値観を疑問視し、学校現場で生徒の人権問題が提起されるようになったのは一九九〇年代以後であり、さらに学校を超えて社会的に認知され始めたのは二〇〇〇年代に入ってからである。さらに、自治体の条例によって児童・生徒の人権を保障しようとする動きは地方教育自治制度が整えられた二〇〇〇年代後半まで待たねばならなかった。まず、二〇〇九年の京畿道教育監の補欠選挙で進歩派の金相坤《キムサンゴン》が当選したことが始まりである。次いで、二〇一〇年六月の統一地方選挙によって全国一七の広域自治体のうち六つの地域で進歩教育監が誕生したことにより、まずは京畿道で初めて児童・生徒人権条例が制定され、二〇一三年までに進歩教育監の存在する光州市（二〇一一年）、ソウル市（二〇一二年）、全羅北道（二〇一三年）で同様の条例が制定された。それからしばらく時間が空いた二〇二〇年には忠清南道、二〇二一年には済州道と仁川市で条例が制定された。二〇二三年現在、一七の広域自治体中、六つの地域で児童・生徒人権条例が制定されている。

ここでは最初に制定された京畿道を例に挙げながら児童・生徒人権条例の内容を概観してみたい。

京畿道児童・生徒人権条例の内容

全国で初めて制定された児童・生徒人権条例である京畿道児童・生徒人権条例は「総則」「児童・生徒の人権」「児童・生徒の人権の振興」「児童・生徒人権侵害に対する救済」「補足」の五つの章によって構成されている。児童・生徒人権条例と言えば、体罰の禁止をはじめ、頭髪や服装の自由の権利などが注目されることが多いが、それらは第六条の暴力からの自由の権利や、第一一条の個性を実現する権利に記載されている。また、第九条では正規教科以外の教育活動の自由が提示され、これまで高等学校で当たり前のように全生徒を対象におこなわれてきた、正規授業が終了した後の夜間自律

京畿道児童・生徒人権条例の内容（一部抜粋）

第５条（差別を受けない権利）①児童・生徒は性別、宗教、年齢、社会的身分、出身地域、出身国家、出身民族、言語、障がい、容貌など、身体条件、妊娠又は出産、家族形態、又は家族の状況、人種、皮膚の色、思想又は政治的意見、性的志向、病歴、懲戒、成績などを理由に正当な事由なく差別を受けない権利を有する。

第６条（暴力からの自由の権利）②学校で体罰は禁止される。

第９条（正規教科以外の教育活動の自由）①児童・生徒は夜間自習、補充授業など、正規教科以外の教育活動と関連して、自由に選択して学習する権利を有する。
②校長などは児童・生徒に夜間自律学習、補充授業などを強要してはならない。
第11条（個性を実現する権利）①児童・生徒は服装、頭髪など、容貌において自身の個性を実現する権利を有する。
②学校は頭髪の長さを規制してはならない。
第15条（良心・宗教の自由）①児童・生徒は世界観・人生観、又は価値的・倫理的判断など、良心の自由と宗教の自由を有する。
②経営者、校長などは児童・生徒に良心に反する内容の反省、誓約などの陳述を強要してはならない。
③経営者、校長などは児童・生徒に特定の宗教行事の参加、及び代替科目のない宗教科目の受講を強要してはならない。
第16条（意思表現の自由）①児童・生徒は自身に影響を与える問題について自由に意思を表現できる権利を有する。

第19条（政策決定に参加する権利）①児童・生徒は学校運営、及び教育庁の教育政策決定過程に参加する権利を有する。


学習（いわゆる自習）や補習授業を強要することを禁じている。これらは従来の学校教育で慣習化した教師による生徒指導に変更を迫る内容になっているが、差別を受けない権利（第五条）のように学校構成員全体が他の児童・生徒の権利を尊重することを示した条文も存在する。その他、良心・宗教の自由（第一五条）、意思表現の自由（第一六条）、政策決定に参加する権利（第一九条）など、広範に児童・生徒の権利を認めている。

実は日本でも二〇二三年五月現在、六四の自治体で子どもの権利に関する条例が制定されており（子どもの権利条約総合研究所 二〇二三）、京畿道児童・生徒人権条例を制定する際にも日本の事例が参照されている。こうした日本の子どもの権利に関する条例と韓国の児童・生徒人権条例との最大の違いは、条例が遵守されない事案が発生したときにそれを是正するシステムの存在の有無である。京畿道児童・生徒人権条例では児童・生徒からの通報を受けて条

京畿道児童・生徒人権条例を児童・生徒に説明するパンフレット

例に反する事案があったことが確認された場合、児童・生徒人権擁護官によって当事者同士が納得する形で問題の解決を模索することになっている。つまり、韓国の児童・生徒人権条例は具体的に内容が遵守されることをねらいとして実効性を重視する内容となっている。条例が施行された後、教育庁が主体となって各学校の校則が条例に反したものがないか、モニタリングもおこなわれた。条例は長い間続いてきた学校文化を変えることを達成するためのものであり、それが条例に反対する立場の人々の反発を招く要因にもなっている。実際に李明博、朴槿恵と続いた保守政権時代には教育部がソウル市や全羅北道に対し、条例の無効を請求する訴訟を起こしている（結果は教育部の敗訴）。

児童・生徒人権条例に対する教師の立場

児童・生徒人権条例は進歩教育監によって推進され、主に進歩陣営の市民団体や全国教職員組合（以下「全教組」という）に所属する推進派の教師の支持を受けてきたものである。そのため、進歩陣営の対極に位置する保守派からは受け入れがたいものであった。のみならず、本来推進側のはずだった全教組に所属する教師を含め、当初、多くの教師に強い反発をもたらした。当時、教師にとって時間的、空間的に限られたなかで指導をおこなおうとすれば、体罰を含め一定の規律が必要であるとの認識が強く、教育現場での拒否感は相当なものであった。条例に反する形での制服指導、頭髪指導ができず、体罰という手段まで奪われた教師にとって、児童・生徒の人権ばかりが尊重される反面、教師自身の権利や権限（韓国ではこれらを「教権」と表現される）は無視されていると感じていた。当時、複数の教師に筆者がインタビューした際にも、教師は一部の心ない生徒や管理職から傷つけられる言葉を投げかけられていたことが明らかになった（出羽 二〇一五）。こうしたことから、「児童・生徒の人権と教権は対立する」との言説が一般化し、児童・生徒の人権の尊重によって教権が侵害されるとの認識が教師のみならず、社会的にも一定の支持をもたらすことになった。

しかしながら、実際に体罰や厳しい生徒指導がなくなったことによって学校の秩序が崩壊したわけではなかった。また、頭髪検査がなくなったからといって染色する生徒や長髪にする生徒が増加したわけではなかった。たとえ従来認められなかったヘアスタイルをする生徒が出てきたからといって学校の秩序が喪失するわけではなく、むしろ教師はこれまでの生徒指導から解放されたとの意見もみられた。筆者がおこなった京畿道児童・生徒人権条例の制定に関わった人々へのインタビューでも条例を通じて児童・生徒と教師が互いの人権を尊重する関係になることがめざされていた。さらに、管理職と一般教師をはじめ、学校構成員のなかで人権親和的な文化が醸成されることがめざされた。二〇二三年現在、京畿道で児童・生徒人権条例が制定されてから一〇年以上が経過するが、学校で体罰や従来のような校門指導がないのは当たり前となっている。強烈な条例への反発は学校でも聞かれなくなった。

このことから、制度が変わっても人々の意識が変わらない限り真の社会の変革は訪れないとの意見がある反面、制度が人々の意識や価値観に影響を及ぼしうることを知ることができるだろう。

児童・生徒人権条例のその後の展開

二〇二二年は大統領選挙の結果、五年ぶりに保守政権となった。加えて地方自治体にも変化が生じた。二〇一四年の統一地方選挙では一七の広域自治体中、六地域で当選を果たした進歩教育監であったが、その後、二〇一八年には一四地域に増加するものの、直近の二〇二二年の選挙では九地域に後退した。特にソウルと並んで首都圏を形成し、革新学校や無償給食など、進歩教育監を象徴する政策を牽引してきた京畿道において一三年間続いた進歩教育監の時代から保守の教育監に代わったことは、韓国の地方教育行政にとって大きな変化をもたらすことが予想される。実際、京畿道教育監に就任した保守派の任大熙《イムテヒ》は二〇二三年中に児童・生徒人権条例を見直すことを示唆し、全羅北道でも教権を含めた形での条例の変更作業が進められている（『週刊京郷』二〇二三年六月五日号）。さらにソウル市では児童・生徒人権条例の存続が危ぶまれている。ソウル市は二〇二二年の選挙でも進歩派の曺喜昖《チョヒヨン》が再選されたものの、保守派の呉世勲《オセフン》ソウル市長のもと、条例廃止の住民請求が起こされ、ソウル市議会で廃止案が審議される可能性がある。京畿道で最初に制定されてから一〇年以上経ち、その後、他の都市でも制定されてきた児童・生徒人権条例であるが、前述のとおり単に児童・生徒の権利を保障するというだけではなく、条例の効力が学校文化を変えるものであるからこそ、保守派をはじめとする人々にとって条例は認めがたいのであろう。条例を取り巻く論争は韓国の社会的分断状況を象徴するもののひとつになっている。

ただ、筆者がこれまで学校現場を訪問して教師や生徒たちと交流してきた経験からすると、条例が廃止されたからといって頭髪検査や服装検査、甚だしきに至っては児童・生徒への体罰が復活するとは考えられない。条例を支持してきた人々が述べていたように人権意識の高まりは時代の流れであり、この流れそのものは後戻りできないだろうと思われる。

5　学校空間

教育の根幹を担う学校空間

日本では一八八五年に出された「学校建築図説明及設計大要」や一八九一年の「小学校設備準則」によって学校建築の標準化・定型化が進み、全国一律の学校建築が進められるようになったとされる。前者では片側廊下、南向き教室という現在の日本の学校建築の原型となったものが示された（上野一九九九）。その後、現在に至るまで日本の学校建築の基本として影響を持ち続けてきた。世界的にみれば、一九六〇年代から一九七〇年代にかけてイギリスやアメリカで学校建築改革が起こり、日本にも一定の影響を及ぼしたものの、限定的にとどまったとみることができよう。

同様に、韓国でも一定以上の世代にとって学校の建物や部屋の配置は画一的なイメージであった。韓国の小中高等学校の施設は一九六二年に制定された「学校施設標準設計図」にはじまり、二〇〇〇年代に至るまで全国共通の様式で造られてきた（ハン・ソンウン 二〇二〇）。日本にも共通する、こうした均質的な学校建築は教導所や監獄にたとえられることもあり、その管理主義的な空間配置は批判の対象になってきた。

韓国では二〇一〇年代に入ってから各地方教育庁において、さまざまな学校空間再構造化事業が展開されてきた。たとえば、ソウル市教育庁では二〇一七年より「夢を含んだ教室」という名称の事業をおこない、二〇二二年までに合計一六七校の学校で空間革新がおこなわれている（ソウル特別市教育庁・ソウル特別市 二〇二二）。

学校空間革新政策――グリーンスマート未来学校

教育部より学校空間革新事業のガイドラインが公表され、二〇一九年以降、五年の間に全国一二五〇校を対象に、多様な空間を醸成する事業が示された。この事業は、既存の学校空間領域に変更を加える「領域単位の空間革新事業」と、学校の建物自体に変更を加える「学校単位の空間革新事業」に分けられる。前者は共用空間や、普通教室、特別教室、そして遊休空間を活用しておこなうリモデリング事業であり、後者は学校全体、もしくは校舎ごとの改築といったリモデリング事業を指す。両者に共通するのは「使用者参加設計を通じて既存の供給者中心の画一化された空間を学校構成員とともに、〝想像力を刺激する教室、及び開放型創意・感性・休憩空間〟として醸成」（教育部グリーンスマート未来学校実務推進団 二〇二一：二）することである。

この空間革新事業では二〇一九年から五年間で領域単位の空間革新事業において、一二五〇校で五〇〇〇億ウォン、学校単位の空間革新事業においては五〇〇棟で三兆ウォンを投資する計画とされた（李サンミン他 二〇二一）。

次いで二〇二一年に教育部は韓国版ニューディールとして「グリーンスマート未来学校推進計画」を発表する。この計画では①未来学校への転換、②使用者中心、③自律と特性化という三つがグリーンスマート未来学校の方向性として提示されている。①では小学校は学習と遊び・休息が連携した環境のなかでの児童の発達的成長と基礎能力の向上が示され、中高はデジタル基盤の教授・学習、空間の柔軟性と多目的性の実現を通して生徒の個別学習を支援して自己主導的な学習力量を育てる空間にすることが述べられている。②では、児童・生徒、教職員、保護者、地域住民が共に集まって学校づくりをおこない、多様な形での意見を収集することが重視される。③では学校の特性と地域社会の要求が反映されるべきとする。そして、一八兆五〇〇〇億ウォンを投資し、二〇二五年までに築四〇年を超えた学校の建物のうち二八三五棟を改築、またはリフォームして児童・生徒中心の未来型の建物にするという事業が取り組まれることとなる。グリーンスマート未来学校はリモデリングによる空間革新、デジタル基盤を導入したスマート教室、炭素を排出しない親環境的な空間、地域と学校施設を共有する学校、そして安全な環境の領域から構成されている（教育部未来教育体制転換実務推進団他二〇二二）。

また、高校単位制が二〇二五年に導入されるにあたり、それに対応するための空間再構造化もおこなわれている。高校単位制導入にあたって学校空間を新しく創造する際の基本原理は、①学習空間の柔軟性、②支援空間の複合性、③共用空間の活用性、④動線の効率化の四点であるとされる（教育部・韓国教育開発院 二〇二二）。つまり、選択科目の増加に従って受講人数が変化することに対応し、多様な授業形態に合わせて既存の空間を活用すること、そして児童・生徒の休憩場所やロッカーといった、複数の生徒が共同で使える場所を整備することや、選択科目の増加による教室間の移動の増加に対応した空間を配置することなどが示されている。

ちなみに、未来学校という特定の学校があるのではない。前述のとおり、学校を使用する者が中心となって学校空間を創造したり、親環境型の教育環境を整えたりする未来型の学校という理念を示す用語だと言える。

学校空間改善の意味

これら学校空間革新事業という名での学校空間の改善の取り組みは単に古い施設を更新するというだけのものではない。前述のように、日本でも韓国でも従来の学校建築は全国的に一律の学校建築であったが、これらは学校を使用する人々の立場からつくられたものではなかった。教室や職員室といった、教授に必要な空間が優先的につくられてきたが、教師や児童・生徒のための休息の空間といったものは考えられてこなかった。しかし、使用する側からすればこうした休むための空間も必要である。使用者中心の学校空間の改善は単なるサービスの受容者のためのものではなく、これまでの「上から」の学校空間を民主的に変えていくということにつながる。

授業のあり方も学習者中心がキーワードとなっている。建築工学の専門家で韓国教育開発院において政策研究をおこなっている朴ソンチョル（二〇二二：一七五）は学校空間再構造化を、「伝統的な教師中心の教育課程を克服し、学習者中心の教育課程を実現するための学校再構造化のなかで、学校現場の教育革新を促進する方向に誘導できる、空間を醸成する概念」としている。つまり、学校の空間を改革していくことを通じて教育革新が実現されることを示唆している。そこで、一斉教授方式から、グループワークや少人数授業、教科融合型の授業、逆に大人数での講義式の授業など、さまざまな形態に対応できるように多様な大きさの教室や、大きさを変更できる開放型の教室などが整えられることになる。

こうした学校空間革新事業が教育部によって推進されるようになったのは学校に民主的なコミュニケーションが必要となり、その結果として新しい教育をおこなったり生徒の学校生活を支援する空間の必要性が生じたからと言われる（ソ・イェシク他 二〇二〇：一七）。空間革新によって児童・生徒と教師らが授業で出会うだけの空間から、互いが交流し多様な活動が促進される空間がめざされるようになる。環境は人々の価値観に影響を与える。学校空間革新をおこなうことによって学校文化を変えることが意図されているのである。

学校空間革新実践例——児童・生徒の休息空間の創造

学校空間の改善のための流れは、「教職員、児童・生徒の多様な要求事項を集め、対象の場所を決定→児童・生徒・教師・保護者で構成された推進グループを通じて意見を収集し集中的に論議→空間専門家、諮問委員を置き、計画案の確認と調節→外部設計案（試案）作業、工事規模の算定、具体的日程の論議→施工者の選定、施工と完成」（ソ・イェシク他 二〇二〇：二〇）という流れで進められることが多い。このなかで学校構成員がどのように空間再構造化を進めるかを検討するのは二番目の時点であると考えられる。ここでは京畿道教育庁の支援によって取り組まれた空間改善事業について取り上げる。[5] ホピョン中学校では京畿道教育庁の「民主的な学校空間作りを通じた生徒の空間主権の実現支援事業」の対象として、休憩空間作りがおこなわれた。その特徴は教科統合プログラムを通じて学校空間を新たに創出したことにある。社会科では学校空間を改めて見直すことで生徒のために活動できる空間を探したが、その過程で「学校空間使用の不平等さ」を振り返る実践をおこなった。美術では自身が考える学校空間の構成についての絵を描き、家庭科では新たに創出されるであろう空間に合う照明や休息の空間に導入する家具の構成を考え、技術科ではコンピュータを活用して3Dプリンタを使って立体的な設計図を作成し、これらの授業を通じて完成した製作物は学校内に掲示された。こうした学びを通じて、学校空間をつくりだすにはどのような手続きが必要かということや、人々の考えの多様性を学ぶことになったという。

写真4-3　吹き抜けの1階に生徒が作成したブランコや椅子が置かれた高校空間（筆者撮影）

授業以外のクラブ活動でも環境改善クラブをつくり、クラブの活動として生徒の休憩空間の案を作成して発表の機会を設け、学校に招待された専門家からアドバイスを受けるなどした。このような過程を経ながらつくられた同校の休憩空間は廊下二か所と一教室を利用したもので、同じ時間に一〇〇名が座って休める空間が創造されたという。

このように、学校空間再構成において生徒の意見を採り入れることは学校で学ぶことと、自身の生活との関係性を知ることにも繋がったとされる（ソ・イェシク他 二〇二〇：一五四）。京畿道から始まり二〇一〇年代から本格化した革新学校においても学校空間は重視されてきたし、二〇一〇年代後半から突然学校空間再構造化が流行したわけではない。しかし、全国規模で学校空間再構造化が本格的に進展し始めたのは最近になってからであり、取り組み自体の課題や問題点が明らかになるのはこれからである。本節では学校空間を決める過程そのものが教育的効果を有しているとの前提で述べてきたが、一度つくられた空間は一定の年数使われていくものである。つまり、継続的な空間革新事業をおこなわない限り、空間革新のための授業はおこなえるものではないし、生徒はもちろんのこと、公立学校では教師でさえも一定の年限ごとに変わっていく。自分たちが卒業、異動した後のことまで考えて空間革新をおこなえたとしても、その後生じるであろうさまざまなニーズの変化にどう応えるかも課題ではないかと思われる。

（5）　ホピョン中学校での実践についての記述はソ・イェシク他（二〇二〇：一五〇–一六一）を参照した。

コラム

無償給食

日本に比べ韓国の学校給食の歴史は新しい。日本が学校給食法を施行したのは一九五四年であるのに対し、韓国で同様の法律が施行されたのは一九八一年である。学校給食自体も島嶼部や過疎地といった比較的教育環境に恵まれていない地域に限り、国家の援助で実施されていた。しかし、一九九〇年代に入ると学校給食は急速に普及し、二〇〇〇年代初期には全国の小中高等学校で学校給食が一般化する。二〇〇八年に全面改正された学校給食法では国家や地方自治体の任務として「良質な学校給食が安全に提供できるように行政的・財政的に支援しなければならず、栄養教育を通じた児童・生徒の正しい食生活管理能力の涵養と伝統食文化の継承・発展のために必要な施策を講究」すべきことが明示されている（第三条）。つまり、学校給食は単に空腹を満たすのみならず教育の一環として明確に認識されている。

二〇〇〇年代はじめに学校給食が全面的に実施されるようになったあと、京畿道の市民団体らが給食無償化と、親環境優秀農産物（無農薬、有機農による農産物）の使用、そして学校給食運営の学校直営化要求を盛り込んだ学校給食支援条例制定運動をおこない、二〇〇四年には条例が制定される（ハン・ウンソク／ハ・ボンウン二〇〇四：一七〇-一七二）。そして、無償給食が国民的関心事になったのは二〇〇九年に進歩派の金相坤《キムサンゴン》が京畿道教育監に当選して無償化を提起したことを契機としている。続いて二〇一一年にはソウル市で学校給食全面無償化を主張する教育監や市議会と、低所得層に限定して無償化を実施しようとする市長が対立し、当時の呉世勲市長は住民投票に持ち込んだものの、規定した投票率を満たさなかったために責任をとって辞職するに至った。これらの争点は生活が厳しい家庭の子どものみを対象とする「絶対福祉」か、誰もが権利として享受する「普遍福祉」かの選択であった。結果として、ソウル市民は「普遍福祉」を選択し、二〇一四年には市内すべての小中学校が無償給食の対象となった（高校への全面拡大は二〇二一年）。現在では地域による違いはあるものの、ほぼすべての広域自治体での小学校、中学校レベルで無償給食が実施されている。

写真4-4　学校給食の一例（筆者撮影）

韓国の無償給食の特徴として、安全で親環境農産物の使用が前提とされていること、そして学校給食法で定められているように学校が責任を持って実施する直営給食が原則であること、教室ではない専用の食堂で給食が実施されていることが挙げられる。つまり、選択制ではなく学校に通う誰もが食べる給食の特性からして質と安全を確保することが無償化の前提条件とされており、権利としての給食が保障されているのである。日本でも二〇二三年に入ってから政権与党の政治家から小中学校での給食無償化を推進するとの発言が出てきたり、比較的規模の大きい市での無償化が始められている。韓国の事例が今後の日本での無償給食の普及に示唆するところは大きい。

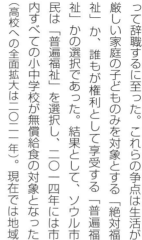

第5章
高等教育

建築家ドミニク・ペローが設計したことで有名な梨花女子大学の開放的で美しいキャンパス。(筆者撮影)

仁荷大学は航空宇宙工学科を有し、韓進グループと関わりもある。キャンパスには、大韓航空機もあった。(筆者撮影)

1　幅広い「大学」——大学と専門大学

大学校とイン・ソウル

日本と同じように韓国でも、大学は高等教育に分類される。その高等教育のなかには、大学、産業大学、教育大学、専門大学と、放送大学、通信大学、放送通信大学、サイバー大学（遠隔大学）、技術大学、各種学校が設置されており、設立経営も国立、公立、私立となっている。

一部の例外もあるが、日本でいうところのいわゆる四年制（医学、歯学、薬学、獣医学、建築学等の分野は六年制）で複数の学部を有し、大学院も設置している大学は「大学校（대학교）」と呼ばれ、そこでは学部のことを「大学（대학）」と呼ぶ。

大学校は約一九〇校あり、そのうち国立が三四校、公立が一校、私立が一五五校である。これらは、他の大学と区別するため、「大学校」の他に「一般大学」と呼ばれることもある。そして、単科学部を有す大学は「大学（대학）」と呼ぶ。また、二年制だと「専門大学（전문대학）」「専門大学校（전문대학교）」と呼ぶ。最近では、科学技術の発展や社会変化に伴う新たな学術領域が生まれ、それらのカリキュラムを教育する一般大学と専門大学が設置されることで双方の領域の垣根がなくなっているようだ。本章では、韓国語の「大学校」は「大学」と表記する。

日本では、大学のイメージやレベル等を考えるとき、国公立大学か私立大学かという、どこが設置しているのかという区分を利用することがあるが、韓国の場合は、ソウルにある大学か、ソウル以外の大学かで区分されることがある。もちろん、地方部でも国公私立に限らず優秀な大学はあるが、現地の新聞記事等ではこのソウルにあるかどうかで、入試倍率や就職率等を比較・評価することが多い。そして、ソウルにある大学を「イン・ソウル（in Seoul）」と呼び、そのなかでも主要一五大学（ソウル大学、ソウル市立大学、梨花女子大学、延世大学、韓国外国語大学、高麗大学、建国大学、慶熙大学、東国大学、淑明女子大学、西江大学、成均館大学、弘益大学、漢陽大学、中央大学）と、さらにそのなかでも「ＳＫＹ」と呼ばれる三大学（ソウル大学、高麗《コリョ》大学、延世《ヨンセ》大学）は、ハイレベルな入試学力、ハイスペックな学生をイメージさせる。

「スペック（스펙）」は、韓国で一般的に使用される言葉で、英語の「specification（仕様）」に由来する。この言葉は、個人や物事の能力や資格、経歴などを指す場合に使用される。韓国社会では、特に教育や就職などの分野で「スペック」が非常に重要視されており、具体的には、高い学歴、語学力、資格、実務経験、研究業績などを指す。韓国の学生は、このスペックを高めるために学業に励んだり、多様な経験を積んだりする。

職業実践的な教育を展開――専門大学

専門大学は、一三四大学あり、国立が二校、公立が七校、私立が一二五校である。専門職業人の養成を目的として、看護師、放射線技師をはじめとする医療系分野、歯科技工等の保健衛生分野のほか、

表5-1　専門大学にある学科名称（抜粋）

ビジネス系	経営学、税務会計、財務技術管理、e-ビジネスマネジメント、国際ビジネス、マーケティング、財務、秘書管理、国際秘書、不動産管理など
工学系	造船海洋工学、メカトロニクス工学、未来電気自動車、土木建築、建築インテリア、建築空間デザイン、鉄道運転システム、ハイブリッド自動車、ドローン航空、消防電気エネルギー、エレクトロモビリティなど
コンピュータサイエンス系	AIメタバース、ゲームコンテンツ、クラウドシステム、半導体、コンピュータソフトウェア、人工知能、サイバーセキュリティなど
保育・教育系	幼児教育、乳幼児統合ケア、チャイルドカウンセリング、チャイルドケア、乳幼児特別リハビリテーション、障害カウンセリング心理など
観光・レジャー・ホテル系	ホテル観光マネジメント、レジャー・スポーツ、エアクルーズサービス、観光サービス、イベント、カジノ、ホテル、環境ランドスケープ、航空サービス、ウェディングプランナー、医療観光コーディネーションなど
食物栄養・料理系	ホテル・レストラン料理、郷土料理、食品栄養、料理芸術、レストランアントレプレナー、ホテルクッキング、バリスタベーカリーなど
デザイン・メディア系	ファッションデザイン、グラフィックデザイン、工業デザイン、インテリアデザイン、メディアデザイン、ビジュアルデザイン、メディア映像など
医療系	医療行政、看護、医療福祉、臨床病理、歯科衛生、薬学、バイオ医薬品研究など
スポーツ・健康・福祉系	健康管理、作業療法、理学療法、言語療法、眼科光学、歯科衛生、リハビリテーション、社会福祉、グローバルソーシャルワーク、福祉行政など
美容・ファッション系	美容学、ヘアデザイン、美容化粧品、グローバルビューティケア、フットウェアファッション、スキンエステティック、リビングジュエリーデザインなど
芸能・芸術系	実用舞踊、実用音楽芸術、舞台芸術、ニューミュージック、漫画アニメコンテンツ、ウェブトゥーンイラストレーション、ビジュアル印刷、視覚情報デザインなど
市民生活・保全系	警察管理、デジタル軍事、スマート海洋養殖事業、海上警察、火災環境防災、ペットケア、市民環境、環境ガーデニングデザインなど

注:なお、専門大学によっては、学科名が異なる場合や、学科の細分化が異なる場合もある。
（出典）専門大学ポータルサイトより抽出作成。

社会福祉、警察行政、防災、税務管理等の公共人材分野、デジタル、映像等のメディア関係、レジャー・スポーツ、観光・ホテル従事や調理師など、専門知識や技術を獲得するための教育を実施している。修業年限は通常二年だが、三年以上の場合もある。放射線、臨床病理、物理治療、歯科技工、歯科衛生、作業治療等の分野は三年制で、看護は四年制である。専門大学を卒業すると、「専門学士」の学位が授与される。専門大学は、職業的なスキルや知識を身につけることを目的としているため、各分野で実践的なトレーニングやインターンシッププログラムを提供することが一般的だ。

また、指定期間以上に職務を経験した人は、専攻深化課程で専門性を強化することができる。専攻深化課程を修了すると学士号が授与される。また、学士号取得者で関連分野に在職経験のある人は、専門技術修士課程への進学も可能である。この課程を卒業すると、専門技術修士号を取得でき、修士号と同じレベルの学歴があると認められる。

以前は、一般大学に進学できなかった人が行く学校であったが、職業実践的な知識や、基本から高レベルまでの技能が修得できることから、企業の即戦力人材や起業家をめざすために一般大学に進学するのではなく、専門大学に進学したり、あるいは大学卒業後に職業スキルを身に付けるために専門大学に進学したりするケースが増えているようだ。

韓国の多様な大学——教育大学、産業大学、技術大学、遠隔大学

教育大学は単科大学で小学校教員の養成を、一般大学にある教育学部（韓国では「師範大学（사범대학）」という）は中等教育学校教員の養成をそれぞれ目的としている。また、教育大学と師範大学以外にも総合教員養成大学という、教育大学と師範大学の両方の目的を併せ持つ大学がある。総合教員養成大学の場合は、小学校から高等学校教員の養成が該当する。これらの大学は、どの学校段階の教員を養成するかで、在学生の現場研究や実習のための学校を附設することが例外を除いて法律で定められている。教育大学は、国立のみで一〇大学ある。総合教員養成大学も国立のみ一校である。

産業大学は、産業社会における学術や、専門的知識と技術の研究や獲得のために教育を受けられることを目的とする大学である。八〇年代末から政府が試験的に全国の国立工業専門大学を開放大学に

転換し、四年制に昇格させた大学が産業大学となっている。修業年限や在学期間は法律による制限がなく、単位によって登録し、産業界からの委託、または産業界に委託して教育を実施することができる。この産業大学は、専門職業能力開発法に基づき、職業能力開発教育をおこなうための大学であり、実務経験者や、将来的に職業に就くことをめざす者が入学している。一九九〇年代には四〇校近くあったが、一般大学との違いが事実上存在しなくなったことで、ほとんどが一般大学に転換し、現在では二大学しか存在していない。

技術大学は、産業界の現場にて専門的知識・技術の研究のための教育を受け、理論と実務能力を兼備した専門人材の育成を目的としている。二年制の専門学士課程と専門学校卒業者を受け入れる二年制の学士課程がある。卒業すると前者は専門学士、後者は学士の学位が授与される。靜石大学は韓進グループ（大韓航空、韓進株式会社をはじめとした物流・輸送事業）が設立した韓国で唯一の技術大学であり、経営学科、経営工学科、航空システム工学科が設置されている。

遠隔大学は、情報通信の媒体を通じて、遠隔教育で高等教育を受ける機会を提供している大学である。遠隔大学には、放送大学、電気通信学院、放送通信学院とサイバー大学の四種類がある。二年制の専門学士課程と四年制の学士課程があり、卒業すると前者は専門学士、後者は学士の学位が授与される。また、サイバー大学の場合は、専攻深化課程を設置している大学がある。この課程の入学要件も専門大学同様、例外を除いて同一系列の専門学士号を取得し、関連分野での実務経験者となる。遠隔大学は、放送大学は国立のみ一校で、サイバー大学は私立のみで一九校ある。

ポリテクと大学院

また、韓国には「ポリテク大学」と呼ばれる雇用労働省傘下の特別大学がある。二〇〇六年、二年制学位課程で運営されていた二四の技能大学と産業人材公団傘下の職業訓練学校を、「韓国ポリテク大学」という韓国の代表的な公共職業教育機関として新たに統合発足し、現在は全国に二四のキャンパスを運営している。教育課程は、溶接、配管、電気工事のような国家基幹産業に必要な技術から、ロボット、航空、バイオのような最先端技術まで網羅している国策による特別専門大学である。

産業現場で必要とされる専門人材を養成するという点では、ポリテク大学も専門大学や他の民間教育機関と同じだが、扱う分野が異なる。たとえば、高価な施設や設備、豊富な実務経験や知識と高い技術を持つ専門家教員等の配置は、専門大学や他の民間教育機関において難しいとされている。その分野を扱うのがポリテク大学だ。そのため、ポリテク大学では最先端の産業技術と実務を融合したハイレベルな教育を展開している。

大学院は、大学、産業大学、教育大学、放送大学、通信大学、放送通信大学、サイバー大学に配置することができる。ただし、サイバー大学は、大統領令で定める基準を満たした場合に限る。また、大学院は、学問の基礎理論と高度な学術研究を主な教育目的とする一般大学院、専門職業分野の人材養成に必要な実践的理論の適用と研究開発を主な教育目的とする専門大学院、職業人または一般成人のための継続教育を主な教育目的とする特殊大学院に区分できる。大学や遠隔大学は、一般大学院・専門大学院または特殊大学院を置くことができ、産業大学及び教育大学は専門大学院又は特殊大学院の設置が可能である。

2　大学に進学するには

受験勉強と塾（私教育）

韓国人にとって大学入試は人生の一大イベントのようだ。高給で安定しており、かつ有名な企業や機関に就職して人生を成功へと導くためには、イン・ソウルの大学に進学することが早道だと言われる。また、そのためには、保護者はお金も手間も惜しまないといった風潮がある。ソウル市内の江南《カンナム》地域や盆唐《ブンダン》地域の地下鉄の駅周辺ビルには、「〇〇塾」「△△進学コンサルティング」といった多くの教育産業（塾や予備校等）の看板を目にすることが多い。韓国の場合、これらの塾の機能は入試で課される教科・科目試験の得点力向上に留まらない。韓国ドラマにもあるように、大学進学を果たすために受験生本人に必要な教育や経験をアレンジし、メンタル面もサポートするプログラムを提供している。さらに保護者に対しても、経済面や生活面だけではなく、受験の心構えや子育て指導を指南する塾も存在する。

韓国では地方出身者がイン・ソウルの大学に進学するために夏休み等の長期休暇を利用して、ソウル市内にある塾や習いごとの教育機関に通うことがよくある。そのときに利用するのが、機関の周辺にある考試院《コシウォン》、またはホテルを意識したコシテル（考試院とホテルを足した造語）と呼ばれる滞在施設だ。それらは、机、ベッド、トイレ、簡易浴室といった最低限の設備があるワンルームで、もとは国家試験の受験生の多くが滞在していた施設である。

また、海外の大学をめざして、中学生や高校生のときに保護者とともに移住し、海外の学校に進学する早期留学もある。海外の国際バカロレア資格が取得できる認定校や世界的に有名なインターナショナルスクールへ進学するのだが、相当な費用となることは容易に想像できよう。子どもの教育のために、父親が国内に残って仕送りし、国内と海外を雁のように飛び回る渡り鳥のようだということで「ギロギ（雁）・アッパ（父親）」という表現が使われるようになった。

写真5-1　「国語論述専門塾」「数学塾」「非教科専門塾」「修能・英数専門」「勉強頭脳研究院」などビルの中は学習塾がいっぱい（筆者撮影）

教育部によると、二〇二一年における塾等の学校外教育機関への参加率は、小学生が八二・〇％、中学生が七三・一％、高校生が六四・六％で、前年度に比べて伸びているようだ。一か月平均の学校外教育費は、小学六年生が四四万五〇〇〇ウォン（約四万四五〇〇円）、中学三年生が五七万二〇〇〇ウォン（約五万七二〇〇円）、高校三年生が六四万一〇〇〇ウォン（約六万四一〇〇円）で、高校三年生以外は、前年度より費用が増えている。

写真5-2　左：専門大学のソウル女子看護大学、右：梨花女子大学（編著者撮影）

高校生の大学選び

韓国では志望大学を選ぶ際に、日本と同様、入試の難易度や競争率、大学・学部の評判、地域や学費等が重視されている。日本の場合だと、教育産業が発行する偏差値ランキングを参考にすることが多いが、韓国の場合は、大学のレベルやイメージについてアンケート調査をしたり、関係者と議論したりするコミュニティやウェブサイトがあり、高校生はそこに掲載されている大学ランキングを大学選びの参考にしている。

また、「オディカ（오디카）」と呼ばれる韓国大学教育協議会ならびに韓国専門大学教育協議会が制作する大学入学情報ポータルサイトもよく利用される。このポータルサイトでは、さまざまな検索オプションを通じて、大学入試情報だけでなく、学生たちが条件に合う大学を見つけたり、専攻分野、学費、キャンパスの場所等の情報を比較したりすることができる。さらに、奨学金プログラムや学費免除制度に関する情報、クラブ・サークル活動や学生寮の情報、生徒同士が交流できるオンラインコミュニティの開催や進学イベント情報の提供、進学相談も実施している。特に二〇二〇年から合格者の成績の公表が義務化されたので、オディカで合格ラインが確認できるようになった。このようにオディカは、韓国の大学選択に関する包括的な情報を提供し、学生たちの大学進学を

サポートする重要なツールとなっている。

オディカでも情報が提供されているが、韓国では、大学のキャンパスや施設も重要視されるようだ。多くの大学は美しいキャンパスを持ち、キャンパス内には講義室や図書館、研究施設だけではなく、談話室やコミュニティスペース、美術館、文化施設やスポーツ施設が設置されている。また、学習用の文具に限らず、生活用品や音楽ＣＤなど趣味の商品を購入できる売店等も充実している。さらに、ホテル直営レストラン等、大学によっては有名なレストランや、カフェ好きな韓国人に対応するためのおしゃれなカフェが併設されているところもある。欧米の大学のように、多くの大学がキャンパスコミュニティのなかで暮らすように過ごせるキャンパスとなっている。

写真5-3　ソウル大学キャンパス（編著者撮影）

写真5-4　大学キャンパス内にあるカフェ。アメリカンコーヒーが1,800ウォン。さすがに安価。カフェの中で学生たちが懇談している様子がうかがえる。（筆者撮影）

大学入試の仕組みとスケジュール

現在の韓国の大学入試は、随時募集（入学定員の八〇％程度）と定時募集（入学定員の二〇％程度）の二回に大きく分かれる。随時募集は秋から一二月までに実施される募集枠で、受験生は六大学まで出願できる。ここでは、調査書（韓国語では（학교생활기록부）というが、本節では「調査書」と表記する）と出願時の資料（志望理由書等）および大学修学能力試験（韓国語では略して（수능）というが、本節では「修能試験」と表記する）という、日本の大学入学共通テストのような試験の成績で合否判定される。韓国の調査書は、日本の調査書より内容が細かく、学校の成績以外では、受賞履歴や部活、社会福祉活動、芸術や地域貢献、読書等の諸活動、教科学力の発達状況、行動特性や先生からの総合意見等が学年ごとに記載されるようになっている。随時募集は、この調査書や志望理由書等と修能試験結果によって、合否判定がおこなわれる。修能試験の結果については、各大学が指定する合格最低基準をクリアしなければ合格できないようになっている。

随時募集で不合格だった場合は、一二月ごろから出願できる定時募集を利用する。定時募集の場合、募集枠のほとんどは、修能試験の成績のみで合否判定がおこなわれ、合格発表は一月から二月にかけて実施される。

大学修学能力試験の日

韓国の大学入試では、合否判定における高校の等級化や、寄付金等の寄与行為をした受験生を優遇するといった入試を禁止している以外に、日本とは異なり、個別大学ごとの教科学力試験も禁止している。よって、教科学力試験は、修能試験だけである。国語・数学・英語・韓国史・社会探求や科学探求等の試験があり、これらを一日で受検する。国公私立の設置区分に関係なく、ほぼすべての大学の入学試験において修能試験の成績が合否に大きく影響する。

本番の教科学力試験は一回なので、修能試験を運営実施している韓国教育課程評価院では、受験生が修能試験に緊張せず、受験手順も間違いなくおこなえるよう模擬試験を開催している。その「大学修学能力試験模擬考査」は六月と九月に実施され、教育庁（日本の教育委員会に相当する地方教育行政機関）等でおこなわれている他の模擬考査より本番さながらの体制で予行演習ができるため、受験者も多い。

写真5-5　その昔の修能試験会場の校門前風景　後輩と一緒に気合を入れる受験生（編著者撮影）

写真5-6　現在の修能試験会場の校門前風景　一部の保護者やコーヒーサービスのテーブルが出ているが、受験生が速やかに会場には入れるよう、警察が誘導している。（筆者撮影）

修能試験日が近づくと、報道各局のニュースで天気、交通情報をはじめ試験会場へ持ち込める筆記用具を案内したり、試験会場の下見の様子や高校で受検する先輩にエールを送る後輩たちの姿を伝える。日本では大学が試験会場になるが、韓国では高校や中学校が試験会場になり、地域の教育庁をはじめとする各学校が運営する。自分が通学する学校ではない学校、あるいは同じ学校の生徒がなるべく同じ会場にならないように配置されるので、会場までの道順ではアクシデントも発生する。試験会場行きの臨時バスを運行したり、警察を動員して遅刻しそうな受験生をパトカーやバイクに乗せて運んだりする様子は、試験終了後のニュースでよく見かける。受験生が会場に行く時間と重ならないよう、会社の始業時間も遅らせ、混雑や交通トラブルを避ける周到さだ。また、放送番組でも芸能人たちが「受験生ファイティン（がんばれ）」とガッツポーズで応援したりもしている。その昔は、試験当日の校門前で高校の後輩が受験生である先輩に「合格してください！」と書いた看板でエールを送ったり、保護者が手を合わせて祈ったりする姿をよく目にしたが、最近は、試験開始前に集まってエールを送るような場面はあまり見かけなくなった。

日本の試験会場の座席は、一般的に受験番号の前から順番に着席するような配置だが、韓国では、横一列に受験番号の偶数、次の横一列に受験番号の奇数となるよう着席を求められる。これは、受験番号偶数用と奇数用の二種類の試験問題を配布し、カンニングを防止するためだ。また、誤配を防ぐため、問題用紙の入った封筒も色分けする徹底ぶりである。さらに、イメージスキャナーを利用して採点するため、答案用紙には試験官から配布される黒いコンピュータ用サインペン及びシャープペンしか使用できず、さらに黒色の芯、〇・五ミリ、ＨＢまで指定されている。回答を修正するときは、白色修正テープでおこなう。こちらも試験官が提供してくれるが、本人持参も可能になっている。そして試験会場には、通信・決済機能（ブルートゥース等）および電子式画面表示器（ＬＣＤ、ＬＥＤ

等）がある時計の使用はもちろん、持ち込むことも禁止されている。試験室内で使用できる時計は、時針、分針（秒針）があるアナログ時計のみが携帯可能になっている。

試験終了後、レストランやカフェでは、「受験生割引チケット」が配布されたり、「試験お疲れイベント」が実施されたりする。筆者も、過去にソウルから日本に帰国する、まさに飛行機が今から飛び立つ時に、「これから修能試験のリスニングテストが始まるため、終わるまでここで待機しなければならない」というアナウンスが入り、飛行機の日本到着が遅れたこともあった。このように試験のおこなわれる一一月中旬は、町中で「修能《スヌン》がんばれ！」という応援一色になり、それだけ大学入試に対する国民の注目度が非常に高いことがわかるだろう。

韓国の大学入試で判定しない内容

日本の総合型選抜では、学校の成績や部活、生徒会活動、英語等の外部試験の等級やさまざまな資格、科学系オリンピックやコンテスト出場成績やボランティア活動、留学経験など多様なスペックを評価すると言われており、実際、スペックを作るための教育産業等も出現している。とはいえ、そのようにスペックを判定する大学もあるだろうが、日本中のすべての大学がそうとは言い切れない。

韓国の大学はどうだろうか。韓国の大学入試の随時募集のなかに「学生簿総合銓衡」という入試があるが、日本の総合型選抜と似ているようで似ていない。「学生簿総合銓衡」とは、生徒の総合的な成績や学校生活に対する評価と修能試験における学力最低基準をクリアすると合格する入試である。学校での学業成績だけでなく、学校生活でのさまざまな活動や成果、出席率、態度、協調性、クラブ活動、ボランティア活動、リーダーシップ経験、特別活動等の成果や態度を評価する。そもそもは、高校生の人間発達を促すことを目的としていることから、生徒の総合的な能力や素養、人間形成の側面が評価される。日本との違いは、この評価の対象があくまでも「学校生活に対する評価をおこなう」という点である。韓国では、日本のように学校外の活動を評価しない。その理由は、徹底した公平性を追求しているところにある。

韓国の大学入試が熾烈なのは、報道等でもよく耳にするだろう。それは学歴主義と学力主義が一緒にされた社会文化によるところが大きい。第4節で述べるように、大企業への就職にはハイスペックな人材が求められており、内定を獲得するにはイン・ソウルの大学出身者が有利である、といった巷のうわさが根強くあるため、各家庭が子どもの大学合格のための準備にかける時間、資金、パワーは並々ならぬものがある。

それを揶揄して盧武鉉政権下の大学入試では「死のトライアングル」という表現があった。これは、学校の教科成績の向上に加えて、学校内での活動や取り組みについて教師が記入する調査書の内容、修能試験の対策学習、自己紹介書と面接の攻略というように、大学進学のための過重な負担を子どもたちと保護者が強いられることを指している。朴槿恵政権時の学生簿総合銓衡は「死のペンタゴン」（調査書・修能試験・自己紹介書・推薦書・学校内諸活動）、さらに「死のヘキサゴン」（調査書の教科成績・修能試験・自己紹介書・推薦書・学校内諸活動・面接）と負担が大きくなる様子が表現された。

それらを対策するには、学校だけでは覚束なく、結局、学校外教育機関に頼ることになる。しかし、そこには保護者の経済力や社会的地位が変数となって合否が左右されるという考え方が一般国民にあ

表5-2　公平な入試のためのさまざまな制限

公教育活性化を阻害する選考要素（例示）
TOEIC・TOEFL・TIMSS・JLPT（日本語能力試験）・HSK（中国語検定）など公認語学試験成績、教科関連校外受賞実績、口述英語面接など選考要素活用
海外奉仕実績など校外教育機関の依存可能性が高い体験活動活用
自己紹介書および証拠書類など必ず英語技術を求めること

入学査定官制の主旨に適合しない出願資格制限
TOEIC・TOEFL・JLPT・HSKなど公認語学試験成績
特別目的高校卒業（予定）者または海外高校卒業（予定）者
数学・物理・化学など教科関連オリンピアード入賞成績
論述大会・音楽コンクール・美術大会など校外入賞成績
一般高校に開設されにくい専門教科履修または履修単位
該当の大学が開設した教科関連特別教育プログラム履修

注：入学査定官制入試は、現在は実施されていないが、その要素の一部は現在の学生簿総合銓衡に引き継がれている。
（出典）大学教育協議会（2010）入学査定官制運営共通基準「共通選考要素」より作成。

る。たとえば、韓国では「どの匙を手にして生まれてきたか」によって、大学入試の合否（もしくは、将来）が左右するという保護者の経済力や社会的地位の格差を表すたとえがある。それは、「金・銀・泥の匙」と呼ばれ、「金の匙」は、経済力の高さや保護者の社会的地位の高さを指し、順に「銀の匙」「泥の匙」と表現される。

そのため、大学入試では、公平性が徹底的に重視される。たとえば、一回きりの学力試験の修能試験では、先述のとおり、日本とは異なる試験運営となっているが、その理由は、受験生同士が問題の答えを共有することや、あらかじめ問題を知っている状況やカンニングを防ぐためであり、より公平な試験を施行するための方策であることがわかる。

それと同様に、大学入試で選考要素として扱ってはいけないものがある。**表5-2**にあるように、ひとつは、公教育活性化を阻害するとして設定された選考要素と、もうひとつは、学生個人の能力や成果ではない保護者の影響力（社会的・経済的背景等）、民間教育機関の外部要因を大学入試判定において遮断するとして設定された選考要素である。いずれも、保護者の経済力や家族の社会的地位に頼ったり、入学した高校において偶然により施策された特別な教育プログラムが受講できたり、といった本人の環境要因による実績や業績が合否判定で差とならないよう、その影響を除く措置が取られている。よって、現在では、学校での正規教育課程以外の活動記録を合否判定資料に反映することを禁止し、自己紹介書・教師推薦書も廃止されている。

3　大学での学び

大学の講義のしくみ

韓国の大学は三月に始業する。一学期が三月から六月まで、二学期が九月から一二月までである。教育課程は、教養教育課程と専攻教育課程があり、専攻教育課程は、基本分野の基本専攻課程とより高度な分野の深化専攻課程に分ける場合もある。

学生は所属する学部や学科、コース等で履修科目を決定する。日本の場合は、二学期制やセメスター制があるが、韓国では前者が主流で、年間三〇週間以上としている。また、キャップ制も適用しており、一学年の履修単位上限が決まっている。

一講義は通常五〇分か七五分である。講義時間の設定は大学ごとで異なっており、たとえば、五〇分講義の場合、九時から講義が始まると、九時限や一〇時限まで講義があり、一〇時限だと一八時五〇分に講義が終了する。四時限目に講義を配置することも可能なので、ランチタイムの設定がないことも特徴だ。学生たちは、各々空き時間にランチをとるらしい。講義はほとんどが週に三時限セット（一五〇分）で、週に二コマ（一〇〇分）＋一コマ（五〇分）や、一コマ（五〇分）を三回実施する。この週三時限セットの講義を一五回受講して基本3単位取得できるように設定されているが、実習や体育、インターネット講義など科目によっては単位数が少ない場合もある。各学期の中間試験と期末試験の受験がほぼ必須で、出席や成績によって単位認定される。大学や学部によって異なるが、卒業に必要な単位は通常一二〇～一三〇単位である。

英語で実施される講義もあり、近年増加している。英語でおこなわれる講義は、専攻科目にも存在しているが、その教員がネイティブというわけではない。特に専門科目の場合、専門的な内容を英語で聞いてその思考を理解すること、さらに海外の学問の文脈を英語で聞いて自分たちの国情や社会文化等に即して解釈することが、どれほど高度なことかという点で、学生たちは困惑しているという話も聞く。これは、単に英語力だけの問題に留まらない。

履修登録は、新学期が始まる前にオンラインで申請する。必修科目や選択科目があり、履修規定に沿って、自分で履修計画を立てることが可能だ。専攻教育課程に入ると、専攻必須、専攻核心、専攻一般などに科目の重要度を分けて、本人が希望する科目を選択することができる。

表5–3のとおり、各学年各学期の必須の時間割が学校から掲出される。たとえば、この表にある

表5-3　ソウル大学看護学部　必須科目の2学期の時間割

学年	1学年		2学年				3学年					4学年
曜日	月	木	火	水	木	金	月	火	水	木	金	水
1講時 9:00-9:50					健康教育と相談			看護情報学及び実習				
2講時 10:00-10:50		人体構造と機能	薬物機能と効果	基本看護学実習		病院微生物学	看護研究概論		老人健康看護学及び実習（英語）	精神健康看護学1（英語）	老人健康看護学及び実習（英語）	看護倫理セミナー
3講時 11:00-11:50												
4講時 12:00-12:50												
5講時 13:00-13:50			基本看護学2	基本看護学実習2	病態生理学		成人健康看護学2	精神健康看護学1（英語）	成人健康看護学2	看護情報学及び実習	リハビリ看護学及び実習	看護特論
6講時 14:00-14:50			地域社会看護学1									
7講時 15:00-15:50	看護学入門			基本看護学実習2				リハビリ看護学及び実習			看護研究概論	
8講時 16:00-16:50												家族健康看護学
9講時 17:00-17:50				基本看護学実習2								
10講時 18:00-18:50												

（出典）ソウル大学看護学部サイトより作成。

一年生の二学期は、学部の必須の専門教育が月曜日の七、八時限と木曜日の二、三時限に設定されている。教養科目や語学科目など必要な講義を、この必須講義以外の日程で履修するという具合である。

また、多くの大学で副専攻として他の学問領域を履修することができる。所属学科以外の基本専攻課程の二分の一以上の履修で副専攻となり、卒業証書に明記される。このダブルディグリーは、就職試験でも役立つようだ。

大学の長期休暇と徴兵制

韓国では七～八月の夏季と一～二月の冬季に長期休暇がある。韓国では、一、二年生の場合、その休暇を旅行やアルバイト等、余暇に使うことが多く、三、四年生の場合は、ＴＯＥＩＣなどの語学、資格の証明となる試験の対策学習や海外留学、就職に必要な準備（インターンシップ、実習など）をすることが多い。また、この期間に主要な教科の学力補強を目的とした講義を受講希望者がいた場合に大学が開設している。その対象となる講義は一年生の基礎科目（作文、英語、微積分、化学、物理等）や学部・学科の必須科目などである。また長期休暇という特性上、オンラインでの講義も相当数が開設されるようだ。しかし、長期休暇中の講義は最大で受講できる単位数（大体六単位まで）が限定されている場合が多い。ほとんどの学生は再受講の機会としているが、なかには早期卒業や複数専攻を修得する目的の学生も受講している。

韓国には男性の徴兵制度があり、男子大学生の多くは大学生時代に徴兵に行く。大学入学後の一年は、大学で基礎科目を履修し、専攻教育課程の履修が始まる前に二年間程度の徴兵に行くケースが多い。徴兵から戻ってきてから、自分の専攻の学習を深めていくといった具合だ。

学費から入学金が消える

韓国の大学の学費は、二〇二二年度四年制大学（教育大学含む）の場合、年間授業料の平均が六七六万三一〇〇ウォン（約六七万六三一〇円）、入学金の平均は七万二〇〇〇ウォン（約七二〇〇円）である。専門大学の年間の授業料の平均が六〇〇万一二〇〇ウォン（約六〇万一二〇円）、入学金の平均は二一万五二〇〇ウォン（約二万一五二〇円）であった。

四年制大学の学部系統別でみると、平均の年間授業料は、**図5-1**のように医学系統が九七六万九五〇〇ウォン（約九七万六九五〇円）、芸術体育学系統が約七七五万六四〇〇ウォン（約七七万五六四〇

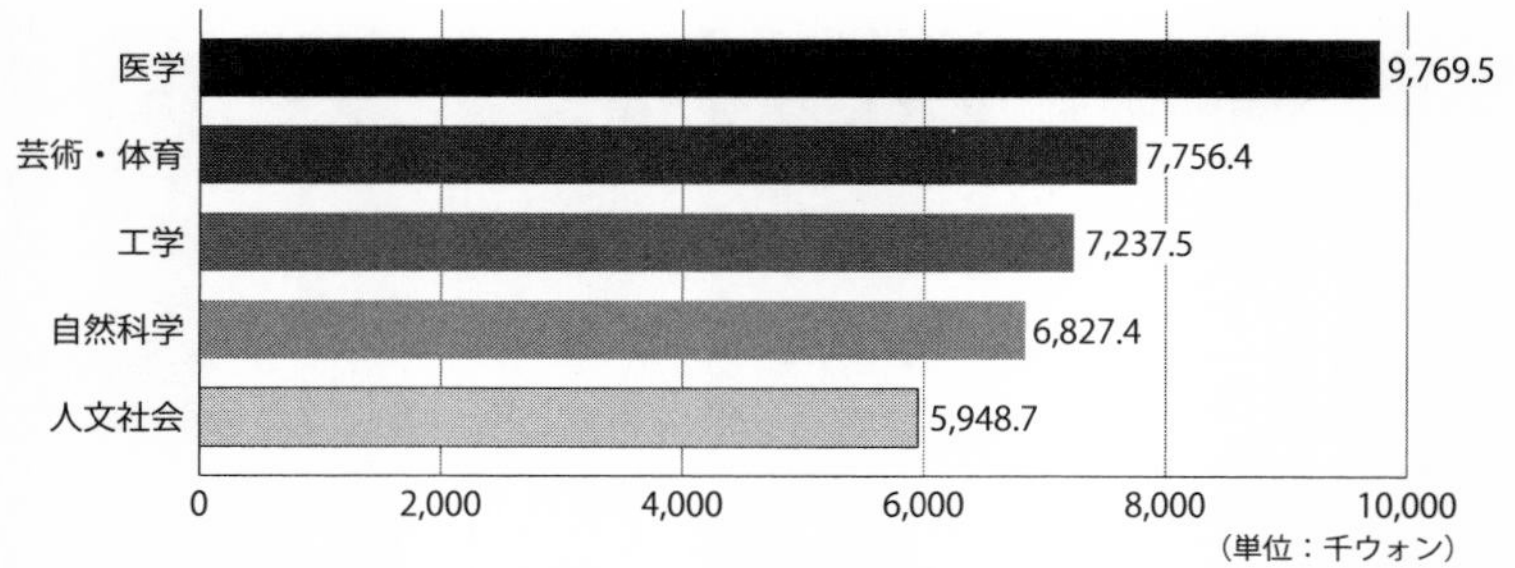

（出典）イ・ジェヒョン（2022）大韓民国政策ブリーフィング「4年制大学の授業料平均676万3,100ウォン」2022年4月29日付より作成。

図5-1 2022年度 学部系統別平均授業料

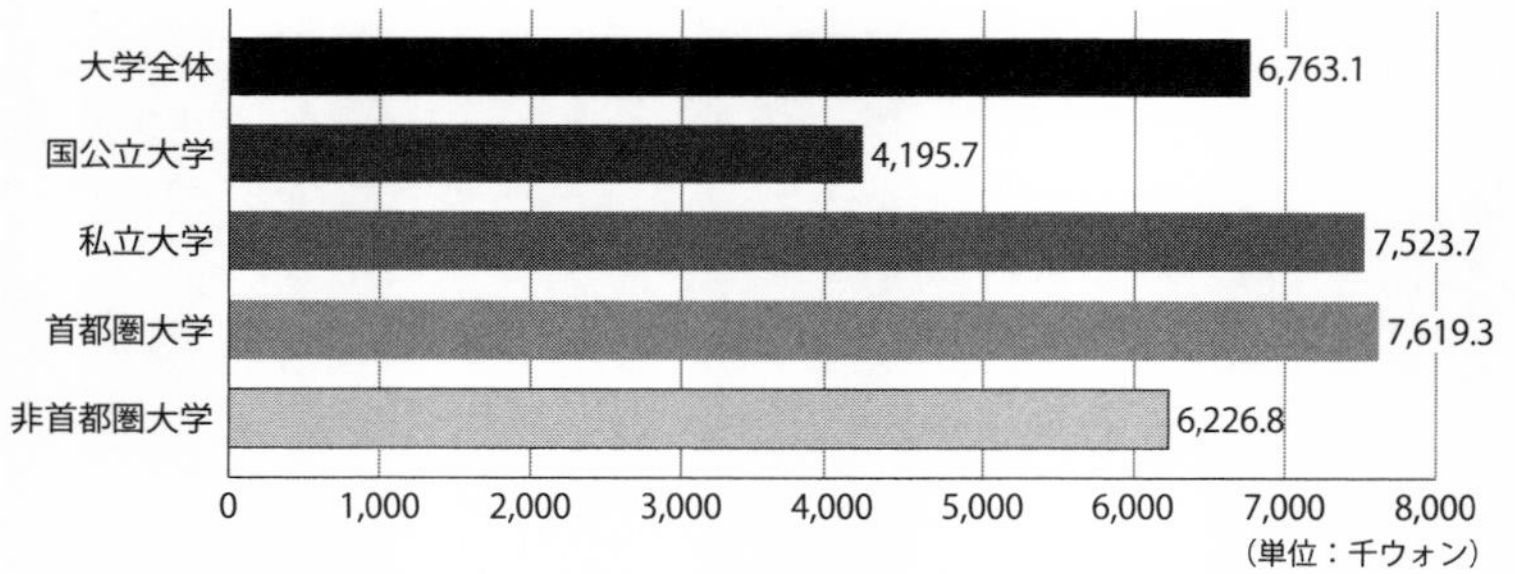

（出典）イ・ジェヒョン（2022）大韓民国政策ブリーフィング「4年制大学の授業料平均676万3,100ウォン」2022年4月29日付より作成。

図5-2 2022年度 設置区分・所在地別平均授業料

円）、工学系統は約七二三万七五〇〇ウォン（約七二万三七五〇円）、自然科学系統は約六八二万七四〇〇ウォン（約六八万二七四〇円）、人文社会学系統は約五九四万八七〇〇ウォン（約五九万四八七〇円）の順だ。設置区分では、**図5-2**のように国公立大学が四一九万五七〇〇ウォン（約四一万九五七〇円）、私立大学が七五二万三七〇〇ウォン（約七五万二三七〇円）であり、所在地別では首都圏が約七六一万九三〇〇ウォン（約七六万一九三〇円）、非首都圏は約六二二万六八〇〇ウォン（約六二万二六八〇円）であった。学部系統や設置区分、都市部か地方部かにより学費が異なるところは日本と似ている。

文在寅政権の「教育費の負担軽減」政策では、授業料半額の推進と学生ローンの利子の負担緩和、大学入学金の廃止を公約しており、そのため二〇二三年までに学費から入学金を完全に廃止するとして高等教育法を改正した。国公立大学の入学金は二〇一八年からすでに廃止しているが、私立大学は、二〇一八年度から段階的に入学金が減額され、二〇二二年度の入学金は前年度五八・六％、段階的入学金廃止を開始する前の二〇一七年度から八八・七％減少した。

表5-4　国公立大学と私立大学の学費比較（2019～2020年度）

	国公立大学（米ドル）	私立大学（米ドル）
オーストラリア	5,031	9,239
チリ	8,131	7,203
ハンガリー	3,783	4,228
イタリア	2,604	9,004
日本	5,144	8,741
韓国	4,814	8,621
米国	9,212	31,875

（出典）OECD（2022）*Education at a Glance 2022*より作成。

日本と比べると低い学費だが、韓国内では、大学の学費に対する不満があるようだ。ＯＥＣＤの教育指標において、二〇一九年から二〇二〇年までの私立大学の年間平均授業料は、韓国は加盟国中で六位（八六二一ドル）国公立大学は七位（四八一四ドル）であった（ちなみに日本は私立大学が五位（八七四一ドル）国立大学は四位（五一四四ドル））。この高い授業料だけでなく、首都圏の大学に進学させるとなると、生活費や交通費、住居費と出費がかさむことで経済的な負担となり、ついては大学に進学する機会を制限し、社会的な格差を拡大する可能性につながると指摘されている。また、一部の人々は、高額な学費と実際の教育の質との間に乖離があると主張している。つまり、高額な学費を支払って大学に進学することは、より良い就職機会を得るための投資とみなされるだろうが、現実には、高い学費を払っても就職先が保証されないという不確実性があるとしている。このように学生や家族にとって大学の学費を支払うことは負担とリスクが伴うだけではなく、さらに入学金という使途不明金があり、それへの不満感が噴出したことが、大学入学金廃止の背景のようだ。

韓国も一八歳人口が減少しており、定員を満たすことが難しい大学が発生している。在籍学生に対する国からの運営費が削減され、さらに学費に関係する収入も減少していく状況において、授業料を世界的な物価高に合わせて増額する必要性もあるのだが、学費の課題は、大学の運営をいっそう困難にしている状況だ。

4　大学生活とキャリア

大学生のアルバイト

学生にとってアルバイトの目的は学費、生活費、個人的な贅沢などの理由がある。日本と同様、韓国でも学費や大学生活費の保護者からのサポートの程度により、アルバイトの目的や労働の比重は変わってくる。アルバイトの時期は、時間割の余裕によって異なるが、通常は土日祝に集中し、週二〜三日程度で、平日は夕方の稼働が多い。韓国では労働基準法により、アルバイトは週に一五時間以上

表5-5　大学生が行うアルバイトの主な業務

業務名	業務内容
カフェ・レストランスタッフ	コーヒーショップやレストラン、ファストフードチェーンでの接客や調理補助、清掃などの業務
コンビニエンスストアスタッフ	コンビニでのレジ業務や商品陳列、清掃などの業務
テレマーケティング	電話で商品やサービスの宣伝や営業を行う業務
オンラインショップの配達	オンラインショップで注文された商品の梱包や発送作業
プロモーションスタッフ	イベントや展示会での企業や商品の宣伝、販促活動を行う業務
講師アシスタント	塾や予備校での講義補助、生徒のサポートなどの業務

働くと雇用主が追加の手当を支払わなければならないため、それ以下しか雇用しない場合が多い。したがって、アルバイトがひとつなら一か月当たり六〇万ウォン（約六万円）以下、二つなら一二〇万ウォン（約一二万円）以下になる。それ以上の収入が必要な場合は、短期でハードかつ高賃金のアルバイト（建設現場や警備、配達など）と組み合わせる強者もいるようだ。

韓国の大学生のアルバイトは、主に**表5-5**のようなものがある。これらのアルバイトは、大学生にとって比較的身近なものであり、学業との両立がしやすいため、人気がある。また、最近では、オンラインでの仕事も増えており、大学生にとっては自宅でできる仕事も選択肢のひとつとなっているようだ。

韓国の大学生のアルバイトの時間給は、雇用形態によって異なるが、一般的には時給九〇〇〇～一万一〇〇〇ウォン（約九〇〇～一一〇〇円）程度が相場である。もちろん、勤務時間（早朝、深夜）や曜日（土日祝）によっては時給が上がる場合もある。韓国でも、最低賃金が設定されているため、基本的にはその金額以上の時給が支払われる。最低賃金は毎年改定されており、二〇二二年現在、韓国の最低賃金は時給九一六〇ウォン（約九一六円）である。これは、二〇二一年の時給八七二〇ウォン（約八七二円）から約五・〇％引き上げられた額だ。アルバイトをする際には、勤務先や雇用形態によっては、保険や年金の加入等の福利厚生がある場合もある。そして、日本と同様にアルバイトの場合も税金が源泉徴収されている。

また、韓国の大学では、韓国奨学財団という公共機関と連携して、校内・外勤アルバイトを紹介している。それらは、高い時給と比較的簡単な労働で学生にとても人気があり、さらに大学の成績によって、そのアルバイトの採用の合否が分かれるので、学業への意欲も高まる効果がある。大学の図書館や事務室、文書室等の事務補助といった校内労働と、駅や郵便局、市役所、裁判所、福祉センターなど公共的な職場で仕事をする校外労働があり、就職活動にも役立つ場所でアルバイトができるので、大学生には人気がある。

サークル活動

韓国の大学にあるサークル、部活で特徴的なものをまず紹介しよう。大学では「メンター同好会」と呼ばれるサークルがある。学生が学業や就職活動、留学などの悩みや相談をするための場を提供する学生団体である。そのメンター同好会は、上級生が中心となって運営されており、新入生や下級生に対してメンター（指導者）としてアドバイスや支援をおこなう。主な活動内容としては、個別の相談や勉強会、留学や就職に関する情報提供、イベントの企画・運営などがある。日本でも、大学ごと、学部ごとの学生委員会や学生団体が存在することがあるが、多くは個人が所属しているサークルや研究室の先輩に相談するのが一般的だ。しかし、韓国ではサークルとして活動しているところが興味深い。

次に、韓国の大学では就職活動のサークルも存在する。主には、企業情報や採用情報の収集、分析、共有をおこない、模擬面接や履歴書の添削を通じて、メンバーが自己分析や自己ＰＲのスキルを高めることができるよう支援をしている。さらに、企業との交流会や講演会などのイベントを企画・運営することで、就職活動に必要な情報や企業のイメージを深めることができるようにしたり、グループディスカッション練習などのトレーニングを通じて、コミュニケーション力やチームワークを高めたりする活動をおこなっている。日本の大学では、これらのことはキャリア教育のカリキュラムに含まれていたり、就職課のサービスプログラムとして実施されたりしているが、韓国では学生のサークルでおこなっている。また、専門的な分野に特化した就職活動サークルもある。たとえば、ＩＴ企業や金融グループ、グローバル企業などに特化したサークルだ。

他のサークルは、日本とよく似ている。社会活動（ボランティア、地域貢献など）、体育（剣道、サッカー、テニスなど）、芸術（音楽、ダンス、絵画など）、趣味活動（旅行、囲碁、漫画、ペットなど）、コンテスト（自動車製作、情報技術など）、学術（語学、読書討論など）などのサークルに分かれる。

通常、新年度が始まると学校の入り口で部員が広報をおこない、この時期に最も多くの新規会員が入る。一部の大学では、入学式を終えた新入生を歓迎する学生主催のサークル紹介の祭典を開催する。舞台で各サークルがパフォーマンスだけでなく、勧誘案内もおこない、それを新入生、在学生が観賞する。ちょうど野外のコンサート会場のような状況で、Ｋ-ＰＯＰグループなども飛び入り参加することもあり、昼夜にかけて開催する大きな祭りだ。

大学生にとっては、サークル活動そのものが学生生活の大きな助けや思い出になることが多い。また、先輩や同輩、後輩と親しくなり、異なる専攻を持つ人々との意見交換など、他ではなかなかできない経験ができる。特に卒業後もサークルを支援してくれる先輩もいて、彼らが就職経験等を教えてくれるメンターになる場合もあるので、学生たちにとって有意義かつ大切な活動である。

大学生の就職活動

韓国の大学生の就職率は約六五~七〇%程度と言われ、近年では低い状況が続いている。長引く景気後退、大企業依存的な経済構造とそれに伴う中小企業と大企業の給与及び福利厚生の格差が縮小されないため、中小企業忌避現象がますます増加しているからだ。そのため、数年前までは公務員の人気が非常に高かったが、最近では人員削減と低給与、業務過重でレッドオーシャン状態になっており、就職状況の悪さの打開策がみえない状況だ。

そんななか、若者雇用に関する政策や一部の企業の新規採用によって、改善施策がなされている。さらに、最近は起業する学生が増えており、政府の支援も第四次産業と起業を中心に増えている。しかし、まだまだ日本以上に大企業志向が強く、近年は新型コロナの感染拡大の影響を受け、非常に厳しい状況だ。

韓国の大学生の就職活動は三つに大別できる。まずひとつ目が公務員になるための就職活動である。韓国の公務員は、一般行政職試験、専門職試験、国家公務員試験の三種類に分類されている。それぞれの試験は、大体、**表5-6**のように構成されている。

公務員は、一~九級までに分かれており、就職試験は九級、七級、五級でおこなわれる。級が上がる

表5-6　公務員試験の内容

試験名	選考内容
一般行政職試験	一般的な事務職に関する試験で、漢字・語彙、文章読解、数学、情報処理、面接などがある
専門職試験	専門性の高い職種に応募する場合に必要な試験で、医療、警察、消防、財務、法律、外交などの分野に特化。職種ごとに科目構成が異なり、適性検査や面接も含まれる場合がある
国家公務員試験	大統領府、中央官庁、地方自治団体などの国家公務員になるための試験で、国家行政、国際協力、公益法務、国家安全保障、情報通信、人事管理、財務会計、調達・物流管理などの分野がある。筆記試験、適性検査、面接、外国語試験などが含まれる場合がある

とレベルが上がる形式で、五級となると日本でいう国家総合職や地方上級にあたる。採用試験は、一般企業の採用試験とは異なり、より高度で複雑だと言われている。まず、公務員採用試験の一次試験は、筆記試験で構成される。適性検査や筆記試験に加えて、法律や公務員に必要な知識を問われることが多く、一定の合格基準を満たすことが必要だ。二次試験は、面接、小論文、グループディスカッションなどがある。面接では、応募者の人柄や資質、志望動機などが評価され、小論文では、公務員に必要な文章力や論理的思考力が求められる。グループディスカッションでは、複数の応募者が一緒に討議をおこない、協調性やコミュニケーション能力が評価される。最終の三次試験にあたる実務試験では、実際に公務員の仕事を模擬した試験がおこなわれ、公務員に必要な実務能力が評価される。

一般行政職試験や専門職試験は、毎年実施されるものではなく、需要に応じて不定期に実施される。特に専門職試験の場合は、通常休学して卒業をしないか、卒業を猶予して試験を準備する場合が多い。なぜなら、受験がいつできるかわからない状況で卒業を先に済ませてしまうと、受験に失敗して民間企業を志願する際、空白期間が生じていることが不利になると言われているからだ。国家公務員試験は、毎年実施されること

表5-7　民間企業の主な就職試験内容

就職試験	試験内容
筆記試験	一般的に、基本的な知識、言語能力、専門知識、論理的思考力、英語力などを測定する筆記試験が行われる
グループ面接	複数人でのグループディスカッションを通じて、コミュニケーション能力、リーダーシップ、協調性、問題解決力、創造性などを評価する
個人面接	一対一の面接で、志望動機、自己紹介、キャリアプラン、強み・弱み、社会人としてのビジョンなどを聞かれることが多い
筆記・面接以外の試験	業界によっては、実技試験やビジネスマナーのテストなどが行われることもある
面接後の追加選考	一次面接をクリアした場合、追加の面接や適性検査などが行われることがある

が多く、詳細な日程は韓国人事院のウェブサイトなどで確認できる。一般行政職試験や専門職試験は、何回も受験することができる「多次受験制度」があり、受験回数に制限がない。また、公務員試験は、一般企業の採用試験と比べて長期的で、より高度な専門知識や実務能力が求められるが、一般的には、安定した職業として評価されており、福利厚生面でも充実している。

二つ目が民間企業の就職活動の場合だ。民間企業の就職試験では、**表5-7**のような試験が課される。

韓国の就職活動時期はおよそ二期ある。ひとつは春に募集開始する「上半期採用」と呼ばれるもので秋に入社する。もうひとつは「下半期採用」と呼ばれるもので春に入社する。大企業の多くがおこなう採用日程での学生の就職活動スケジュールはおよそ次のとおりである。

大学生は、四年生になってから就職活動の準備を始める。業界・企業研究を始めたり、志望理由書を作成し始めたりする。一方、低学年時から「スペック」づくりをする学生もいる。一般的なのは留学で、休学や長期休暇を利用する。さらに、資格や語学検定のスコア、コンテスト入賞、研修やインターンシップの修了証もスペックとなる。日本の企業の採用判定では、ポテンシャル要素も含まれるが、韓国の就職試験ではこ

表5-8　企業別職務適性検査の科目内容

企業名	検査名称	科目内容
サムソン	GSAT	言語論理、数理論理、推理,視覚的思考、常識
ＬＧ	LG Way Fit Test	言語理解、言語推理、数理、図形推理、図式的推理、人文力量、人間性検査
ＳＫ	SKCT	実行力量、認知力量、韓国歴史、深層力量
堂山	DCAT	言語論理、数理、空間知覚、人文、情緒力量、人間性、漢字
現代	HIMAT	言語理解、論理判断、資料解析、情報推論、空間知覚、人間性検査、歴史エッセイ
ＧＳ	系列会社別に異なる	言語,数理、運用計算、人文、GSCWay、組織結合度検査、韓国史
ロッテ	L-TAB	言語、問題解決、資料解析、数理、人文
ＣＪ	CJ総合適性検査	人文学的素養評価、人間性検査
現代総工業	HATCH	人間性検査、言語、数理、総合常識、総合意思決定、工学基礎

（出典）ジョブカード（2018）「9大企業職務適性検査比較分析」より作成。

のスペックが優位に作用すると言われてきた。しかし、ここ数年の高官の不正、虚偽の表彰状、論文、経歴などの問題で大学やスペックをみないブラインド採用が増えており、これにより基本的な自己紹介書と最低限のスペックを準備することとは別に、職務に関する理解度や経験を重視する傾向になってきている。特に下半期採用では、職務適合性の比重の増加が顕著で、いわゆるスペックの記載欄を多くの大企業が廃止して、面接による職能評価を強化するよう方向転換している。とはいえ、就職状況も厳しいので、韓国の大学生の就職活動は、卒業後一、二年かけてスペックづくりやインターンシップに励んだりして対策をしている。そういう人たちを「チジュンセン（就職準備学生）」と呼んでいる。

試験は、多くの企業で書類審査の後、小論文、人間性・適性検査等が実施される。なかには、企業独自のテスト、たとえばサムスン電子のＧＳＡＴやＬＧグループのLG-Way Fit Test、現代グループのＨＩＭＡＴ等の適性検査がある。その主な領域は、言語・数理力、類推や一般常識等である。人間性検査は価値観、態度などを問うので答えるのが難しく、問

写真5-7　書店の就職活動書籍のフロア。奥の書棚には、「公務員技術職／行政士、警備指導士／民間警護 」「流通管理士／鑑定評価士」「キャリアカウンセラー」「金融適性検査／国民健康適性検査」「一般常識」「大企業適性検査」「公営企業適性検査」の参考書、問題集が並んでいる、手前にも就職試験関係の書籍が平積みされている。（ハン・ジンウ氏撮影）

題自体も漠然としたものが多い。しかし、受験する企業が欲する人材を知っておけば、問題なく合格できると考えられているようだ。人間性検査はいわゆる性格やキャラクター特性の検査と面接が該当し、社会性、外向性や内向性、持続性、活動性、慎重性、達成意欲、敏感性、自責性、情緒の特性、自己顕示、独自性、主体性、自己肯定感、明朗性等を検査する。

そして、一一～一二月ぐらいから試験終了後の合格発表がおこなわれ、三月に入社する。「上半期採用」でも、この六か月の公募から入社までのスケジュールを繰り返す。

三つ目は、電力、資源、鉄道、交通、ガス、通信や空港などの公営企業や年金機構、韓国観光公社、国民健康保険公団といった各公社、公団など準政府機関への就職活動である。大学生たちは公営企業に対して収入など生活の安定性を期待しているので、民間企業よりも人気が高い。その公営企業の場合も民間企業同様の時期に採用活動がおこなわれる。内容も書類審査や面接、身体検査と筆記試験などがある。公営企業の場合は、ほとんどが「ＮＣＳ（National Competency Standards）職業基礎能力評価」という産業現場で職務を遂行するのに求められる職務能力測定を中心とした筆記試験を課す。先述した民間企業の適性検査もこのＮＣＳをベースとして作成されており、就職先がまだ決まっていない学生は、とりあえずＮＣＳの対策から学習を進める。そのために韓国の書店では、ＮＣＳや各企業名が記載された過去問題集が販売されている。

写真5-8　書店の公務員試験対策の問題集の棚。行政法や経済学、英語、統計学に加えて、等級別の基本科目問題集などが並ぶ。（筆者撮影）

コラム

韓国の就職事情

韓国の就職事情はよくない。二〇二三年上半期も半数以上の大企業では、採用計画が「無し」か、もしくは「未定」の状態であった。さらに韓国教育開発院の調査（二〇二〇年）によると就職率は六五・一％で、医薬系（八二・一％）、工学系（六七・七％）、自然系（六二・三％）、芸術・体育系（六二・二％）、教育系（六二・一％）、社会系（六〇・九％）と続き、人文系（五三・五％）であった。就職率は、過去三年と比べても低い状況になっている。

この継続する就職難の状態により、卒業後すぐに就職できない学生が増えている。彼らは、キャリアの空白を解消するために、いくつかの方法をとっている。そのひとつは、大学の卒業要件を満たしているにもかかわらず、在学期間を延長する方法だ。その間、考試院と呼ばれる試験用教育機関に近い場所にある宿泊所に下宿しながら就職試験対策をしたり、スペックづくりに勤しんだりしている。しかし、大学の講義を受けなくても学費の支払いが伴うため、国は、二〇一八年に学則で定める学位取得の一時停止申請を可能にし、学費の徴収も廃止した法律を制定した。

もうひとつは、大学院に進学したり、仮面浪人したりする方法だ。就職活動では、スペックがまだ重視される傾向にあるため学部卒での就職が厳しければ、大学院に進学してその時間に就職試験の準備をおこなう。さらに、就職がよい学部系統、たとえば文系から理工系へ、理工系から医薬系へ乗り換えるという手段をとるために先に大学に進学して、仮面浪人になる人もいる。特に医薬系への進学は競争が激しく、医療系大学の場合、定時募集銓衡での合格者の内八〇%以上は二浪以上の学生であるというデータもある。

日本のUターン現象は、故郷の地方部から東京などの都会へ大学進学したり、就職したりした人が、時を経て地元に戻ってくる現象を言うが、韓国の場合は少し異なる。近年、韓国では就職難のため、大学から専門大学へ再進学するケースが増えている。これが「Uターン進学」と呼ばれる韓国型「Uターン」現象である。大学卒業だけでは就職が難しく、より実践的なスキルを身に付けるために、最近では大学卒業後だけでなく中退までして、専門大学へ再入学するケースも急増している。また、先述の調査では、一般大学の就職率六四・一%、専門大学の就職率七一・〇%と、専門大学のほうが就職率が高いという状況が続いている。二〇一二年には、一般大学と専門大学の就職率の差が二・一%であったが、二〇二一年ではこの差が六・九%にまで拡大した。

これに伴って、社会人や大学院生の専門大学進学も増加している。専門大学のなかで二五歳以上の在学生占有率が二〇一八年には一〇・六%だったのに対し、二〇二二年は一九・二%まで増加している。大学卒業後に希望の就職ができなかった人、仕事や処遇、給与の低さ等に満足していない人や、大学院に進学したものの大学院修了の難しさや就職競争の厳しさを考慮し、専門大学に乗り換えて第二新卒枠をねらう人たちが専門大学に入り直し、Uターン現象となっている。

このように、学生たちは大学の学部卒だけではなく、あらゆる手段を講じてでもより希望の就職ができるように進路を変えたり、時間も費用もかけたりしているようだ。

第6章 教師

ソウル教育大学。教育大学は初等教員の養成を目的としている。同校は教育大学の中でも最難関のひとつ。（編著者撮影）

大邱教育大学教育大学院。教育大学院は現職教員の再教育を目的としている。（編著者撮影）

1　先生への道は狭き門

人気の教職

韓国において教職は人気の職業である。教育部と韓国職業能力開発院が毎年発表している二〇二二年版「初等中等進路教育調査」によれば、児童・生徒がなりたい職業のランキングで、教師は医者や警察官などと並んで常に上位にランクする。高校生においては二〇一二年から一〇年連続トップである。現在は調査項目からなくなってしまっているが、二〇一二年から二〇一七年までは「保護者が自分の子どもに期待する職業」についても調査されており、ここでも教師は医者や公務員と並び上位であった。教職は、子どもたちがなりたい職であるだけでなく、親が子どもに就かせたい職でもある。大卒者の就職難が続く韓国においては、安定職としてのイメージが強い公務員であることに加え、定時退勤ができ、夏休みなどの余暇の時間を自由（実際には自由ではないが）に使えるという職場環境も人気を後押ししている。

人気の職業を支えるもうひとつの背景は、その「なりにくさ」にある。「なりにくさ」は、教員養成制度と関連がある。教員養成制度は、初等教員養成と中等教員養成で異なり、初等教員は、全国の教育大学一〇校を中心（そのほか韓国教員大学校、済州教育大学と統合した済州大学、梨花女子大学でもおこなわれている）に養成されている。日本のように教職課程を履修すれば教員免許が取得できるわけではなく、小学校教師になるには、基本的に教育大学に進学しなければならない。前述したように、小学校教師は人気の職であるため、教育大学の入試倍率は高い。教育大学に入ることができなければ教師になることができないため、小学校教師への道は入口が狭い。本来、教員養成を目的とする制度の場合、卒業後、そのまま教職に入ることが想定されるが、各市・道教育庁による教員採用試験があるため、採用時にも選抜がなされている。初等教員養成も採用数に対し免許発行数が多いため競争が生じているのが現状である。かつて教師不足だった時期もあるが、今やこの二つの狭き門を通過した者が晴れて教師の道を歩むことになる。誰でもなれる職ではないため、保護者にとっても自慢の職なのである。

なお、中等教員養成は、中学校・高校の教員資格の区別はなく、大学に設置された師範学部や教職課程でおこなわれている。師範学部は教員養成を目的とする学部で、卒業と同時に免許を取得する。その他の学部にも教職課程が置かれることがあるが、教職課程に定員や成績基準が定められる場合が多く、必ずしも希望者全員が教職課程を選択できるわけではない。こちらもやはり狭き門であることに変わりはない。

揺らぐ教職神話

しかし、この教職神話が揺らいでいる。少子化による学齢人口の急激な低下により、教員採用数の削減がおこなわれている。大卒者の就職難により安定職としての魅力がある教職だが、採用者数の削減は教員免許を取得しても先生になることができないのではないかという不安につながり、教育大学や師範学部の人気が落ちている。実際、二〇二三年度入学者選抜では地方の教育大学が定員割れを起こしたというニュースが報じられ衝撃が走った（『毎日経済』二〇二三年二月一六日）。また日本の大学入学共通テストに相当する修学能力試験は、一等級を最上級とする九等級で成績が示されるが、初等教員養成機関である釜山教育大学の二〇二一年の合格者の平均等級は一・八五等級で、成績上位層でないと合格できなかった。これが二〇二三年の合格者では二・六三等級まで下がり、成績上位層が教育大学を避ける傾向にあることが明らかとなったのである（『韓国経済』二〇二三年三月二一日）。

教職人気の陰りの背景には、教師の地位の低下も指摘されている。ひとつは、児童・生徒による教師に対する暴力が報じられたこと、もうひとつは保護者からのクレームや教師を相手取った訴訟などが増加したことなどからくる業務負担感によるものである。韓国では、児童・生徒に対して抑圧的であった学校文化を変えることを目的に、広域市・道教育庁レベルで、児童・生徒人権条例の制定運動が展開されてきた。児童・生徒の人権と学習権を強化する動きが継続する一方で、一部の児童・生徒が教師の生活指導に従わず、正当な教育活動を妨害する行為が繰り返し報告されてきた。教育部・韓国教育開発院の「二〇二二年第一期学校暴力実態調査」によれば、教師に対する教育活動への妨害状況は、二〇一九年に二六六二件、二〇二〇年に一一九七件、二〇二一年に二二六九件、二〇二二年一学期で一五九六件報告されている。妨害行為として多いのは、冒瀆・名誉毀損（三九・八％）、次いで、教育活動に対する継続的な妨害（一七・〇％）、脅迫（一一・一％）などであった。教育部は、優秀な教師の入職に大きな不安を抱かせるとして、教師の教育活動を保護する方針を打ち出すなど、現場の環境改善を進めている。

国際調査にみる韓国の教師像

二〇一八年版のOECD国際教員指導環境調査（TALIS：Teaching and Learning International Survey、以下「TALIS2018」という）を参照しながら、韓国の教師の特徴をみてみよう。TALIS2018には、韓国の小学校及び中学校教師が参加しており、その一端が垣間見える。

まず仕事に対する満足度である。韓国の中学校教師は、仕事への満足度についての一〇項目のうち「教職は社会的に高く評価されていると思う」との問いに対し六七・〇％がとてもそう思う／そう思うと回答しており、調査参加国平均（三二・四％）より大きく上回った。「全体としてみれば、この仕事に満足している」との回答も八九・一％で、国際比較でみれば仕事への満足度や教職に対する社会的な評価は概ね高いと認識されている。一方で、「教職になったことを後悔している」と回答した比率は一九・一％で、参加国平均（一〇・三％）より高く、「他の職業を選んでいた方が良かったかもしれないと思う」との回答も三三・〇％で、教職に就いたことを後悔している教師が一定数いることがわかった。

次に、教職に就く動機である。日韓の数値を比べてみると、両国の小学校教師が、教師になる際の動機として「非常に重要」または「ある程度重要」だったと回答した割合は、「安定的な職業であること」「確実な収入が得られること」「教職に就けば、子どもや若者の成長に影響を与えられるということ」の設問で高く、同様の傾向がみられたが、韓国ではこれに加え、「継続的なキャリアアップの機会が得られること」（七九・四％、日本は五二・一％）、「私生活での責任を果たすことを妨げない勤務スケジュールであること」（八八・一％、日本は六七・七％）が高く、安定的な職であることとともに、キャリアアップが可能な職であることやワークライフバランスがとれるということが動機になっていた。

韓国の教師の自己効力感が高いことも数値から読み取れる。同調査では一三種類の指導について、それぞれの指導が授業でどの程度できているかを調査しているが、「かなりできている」または「非常によくできている」と回答した韓国の教師の割合は、すべての項目で七割を超えており、「児童に勉強ができると自信を持たせる」「児童が学習の価値を見出せるように手助けをする」ことについては九割を超えていた（日本はそれぞれ三四・七％、四一・四％）。日本の教師は他国と比べ、指導において高い水準をめざしているため自己評価が低くなっているとの指摘もあるが、韓国のように自信をもって指導にあたっている教師もまた頼もしい。実際に韓国の小学校の先生と話すと、自分自身に自信を持っている印象を受けることが多い。

最後に教師と学習の雰囲気についてみておこう。韓国では子どもたちによる授業中の妨害が教職人気の陰りのひとつとなっていることを指摘したが、この調査においてもその傾向が確認できる。たとえば、「授業を始める際、児童が静かになるまでかなり長い時間を待たなければならない」（三六・二％、日本は一六・四％）、「児童が授業を妨害するため、多くの時間が失われてしまう」（四二・一％、日本は一〇・九％）、「教室内はとても騒々しい」（三〇・八％、日本は一六・五％）と回答した韓国の小学校教師は多く、学級の雰囲気づくりに苦労する教師像が垣間見える。中学校においてもこの傾向は同じで、良好な学習環境づくりが課題のようである。

以上を踏まえると、安定職であること、ワークライフバランスがとれる職場であるという点は他の職に比べても魅力的な要素となっている一方で、児童・生徒への指導の困難さや教師への暴力の増加など「危険な職場」となりつつあるのは不安要素となっているようである。また、今後少子化により採用条件が厳しくなることが予想される。このような要素が今後どのように教職人気に影響するか注目したい。

2　先生の「働き方」改革

先生の一日

国立及び公立の学校に勤務する教師は、国家公務員法における特定職公務員である「教育公務員」（国家公務員法第二条）であるため、勤務管理、勤務日、勤務時間、公休日、時間外勤務に関しては同法の適用を受ける。定年は六五歳である。教育公務員の資格・任用・報酬・研修及び身分保障等については、別途「教育公務員法」によって規定されている。教師の場合、昼食時間も勤務時間（給食指導）とみなされるため、勤務時間は九時から一七時である。勤務時間の開始は、一日の勤務時間の総量（八時間）が確保されていれば、学校ごとに定めることができるとしており、多くの学校が校長の判断で子どもたちの登校時間（初等学校では九時）に合わせ、教師の勤務時間を八時三〇分から一六時三〇分としている場合が多い。学校の登下校の風景をみると、朝早く来て授業準備をおこなう教師もいるが、基本的には八時半までに出勤し、一六時半には定時退勤する。

先に引用したTALIS2018の結果からも以上のような韓国の勤務状況がうかがえる。韓国の小学校教師の一週間の勤務時間は、三二・五時間で、日本の五四・四時間と大きな差がある。中学校教師の一週間の勤務時間は、三四・〇時間で、参加国平均の三八・三時間を下回っていた（日本は五六・〇時間）。なお、韓国内の統計によれば、二〇二一年時点の週当たりの授業時間は、小学校教師で二一・二時間、中学校教師で一七・二時間と、いずれも二〇〇五年から減少傾向にある。

一九八〇年代の調査によると、当時韓国の教師の週当たりの労働時間は五〇時間を超えていた。土曜日が登校日であったことに留意する必要はあるが、かつては長時間労働であった。筆者がヒアリングした小学校の校長によれば、「若手教師だったころ（筆者注：一九八〇年代）、先輩教師より先に帰ることは〝気が引けること〟だった。この状況が変わったのはここ二〇年くらいのこと」だという。校長の話によると、必ずしも学校現場のみに限った改革ではなく、社会全体で長時間労働が問題になり、その風潮を変える空気が生まれ、それを契機に学校も徐々に働き方が変わっていったという。

先生の「多忙感」

多くの学校には部活動がないため、放課後の部活指導や土日の引率などによる多忙感はない。しかし、韓国の教師は忙しいという。韓国では、教師の業務は「教えること」だという認識があり、教えること以外の業務は「行政業務」と言われ、雑務とされてきた。この行政業務は「負担」と表現され、多忙感として語られる。行政業務の負担を軽減するために事務処理の電子化がおこなわれ、幾分は改善したが、電子システムを通じて行政から依頼される各種調査や通知への対応は増えた。韓国教育開発院がおこなった調査では、教師が行政業務に使った週当たりの時間は、二〇一三年に五・七三時間だったのに対し、二〇二二年は七・二三時間に増加していた。

教育部が毎年のように打ち出す教師業務負担軽減政策が、教師の教育業務以外のことを指す「行政業務」を軽減し、教育業務に専念できる環境をいかにつくるかという点に集中しているのもこのためである。この点で日本の「働き方改革」とは少々ニュアンスが異なるのである。

校務を支える電子システム

韓国では、二〇〇三年から成績処理やカリキュラム管理、児童・生徒の学籍管理、公文書管理、各種事務手続などをオンライン上でおこなうことができる全国教育行政情報支援システム（ＮＥＩＳ）が導入されている。同システムは全国の小・中・高校、大学、地方教育行政、中央教育行政などで同一のシステムが使用されている。したがって、さまざまな文書のやりとりを共通のフォーマットで処理することができ、たとえば転校や進学の際、児童・生徒の学籍簿・成績表を、そのまま引き継ぐことができる。教師の出張手続きや各種報告書類、決裁書類も紙ベースではなく、このシステム上でおこなわれる。学区や学校種によるシステムの違いがないため、一度このシステムで作業すれば、再度研修を受ける必要はない。このほかにもクラスの掲示板や保護者との連絡ツールも提供されており、学校ウェブサイトも充実している。教育行政情報支援システムにより教育情報が一元管理されるため、各学校の基礎情報は、学校情報サービス（https://www.schoolinfo.go.kr/Main.do）を通じて閲覧することができ、各種検索エンジンで地域の学校名を検索すれば、基礎情報はもちろん、その日の給食の献立まで閲覧することができる。

専門家の話によれば、韓国ではＮＥＩＳ導入に対する批判がなかったわけではないという。セキュリティの問題やサーバーの重さなどシステム面への懸念が多かった。ただし、導入から二〇年が経ち、システムの改善がなされたこともあって、今では完全に現場に定着した。万が一批判があったとしても、ＮＥＩＳが学校現場から姿を消すことはないと断言していた。二〇二三年には、大幅なシステム更新がおこなわれ、「第四世代ＮＥＩＳ」が稼働した。稼働と同時にいくつかエラーが生じたり、情報流出が明るみになったりと課題が指摘されているが、今やこのシステムなしでは現場は回らない。

勤務管理と残業

勤務管理については、各個人の勤務状況簿を置き管理することが定められているが、「公務員人事記録・統計及び人事事務処理規程」により電子的に管理することができるとされたため、出勤簿にハンコを押す文化はすでにない。タイムカード等により時間管理が厳密になされているわけではなく、休暇、遅刻、早退、外出、出張の際にＮＥＩＳに入力することとなっている。そもそも、多くの学校において教職員の業務机が並ぶような「職員室」はなく、基本的に担当の学級の個人デスクや学年の部屋、教科の部屋で業務をおこなうため、同僚と数日顔を合わせないことはよくあることである。極端に言えば、教師は自分の教室と自宅を往復するのである。

勤務時間外勤務は一日四時間（一か月で五七時間）を上限に、校長の決裁を受けておこなうことができ、予算の範囲内で手当てを支給することとされている（「公務員手当等に関する規程」第一五条、第一七条）。校長が勤務時間外勤務を命じることができるのは、①補習授業、自習指導、②登下校及び放課後の児童・生徒指導、③学事事務処理等その他校長が必要だと認める場合とされる。ソウル教育庁によると、時間外勤務手当は毎月の定額分と超過分に分けられており、毎月一五日以上勤務した者には、一律一〇時間分の時間外勤務手当（定額分）が支給される。

以上のように、ワークライフバランスが取れるような環境改善がなされてきた。次でも触れるが、この環境は、自分のスキルアップに投資する時間や家族との時間を過ごす余裕も生んでいる。

3　先生からみた学校文化

韓国の教員は自身をどのような職業と位置づけているのだろうか。近年、日本では都道府県レベルにおいて教員育成指標が作成されているのに対し、韓国では教員能力開発評価といった教員評価システムはあるものの、全国または自治体レベルで教員の資質・能力は設定されていない。筆者が二〇一〇年代中頃にソウル市教育研修院の担当研究士にインタビューしたときにも自治体レベルで教員の資質・能力指標を設定することについては否定的な姿勢が示されていた。本章の他の節でも述べられているように、韓国の教師は授業をおこなうことが仕事の中心との認識が自他共に強いように思われる。本節では、学校文化を変革しようとする教師の挑戦と、現実に苦悩するもうひとつの姿をみてみたい。

専門家としての教師

韓国は日本と同様、ナショナルカリキュラムに基づき教科書が作成され、教える内容自体は全国で統一されているが、その枠内で地域や子どもたちの現実に合わせて教育課程を再構成したり、教科融合型のカリキュラムを構築することが一部の教師らによって積極的に取り組まれている。特に、教師たちによる教育運動の成果とも言える革新学校ではこうした活動が盛んである。

教師による教育運動は主に教員団体を中心におこなわれてきた。韓国の代表的な教員団体としては韓国教員団体総連合会（以下「教総」という）、全国教職員労働組合（以下「全教組」という）、教師労働組合連盟（以下「教師労組」という）があり、そのうち労働組合に分類されるのは全教組と教師労組である。この二つのなかでも全教組加入教員らが革新学校創設の端緒を担うなど、韓国の学校文化を教師の運動から変えてきたという「功績」は大きい。

全教組は独裁政権時代からの教育民主化運動を経て一九八九年に教員労組として結成され、一九九九年には法定労組として政府に労働組合として正式に認定された。全教組による教育運動は教師の自律性と専門性の確立であり、これがさらに学校民主化運動に繋がっていく（チョン・ジンファ 二〇一六）。さらに、こうした運動は一九九〇年代に入ってから活性化した代案教育運動や、二〇〇〇年代に入ってから始まった新しい学校運動に発展していく。こうした一連の教師による教育運動は教師が教育改革の中心となった例であり、その教育運動の中心は専門的学習共同体である（チョン・ジンファ 二〇一六）。

専門的学習共同体

教育学者の佐藤学が提唱した「学びの共同体」は韓国の教師たちの間では非常に注目されてきた。そのなかでも、教師らによる専門的学習共同体の活動は特に革新学校を中心に実践されてきている。専門的学習共同体とは「教員らの同僚性を強化し協力的な研究と実践課題を通じて共に成長する学習共同体」であり、教師の個人の力量に依存して教育課程と授業を実施してきた学校文化を、共同で研究して実践する学校文化に変えて、教育の質の向上とともに、教師個人と学校の力量をともに成長させる」（京畿道教育庁 二〇一五：三三）ものと定義されている。

京畿道では革新学校の是非にかかわらず小中高等学校の九割以上の学校内に専門的学習共同体が組織されており、学年別、教科別、主題別に三人以上集まればひとつの専門的学習共同体を構成することができる。専門的学習共同体での活動は九〇％以上参加することを条件に年間一五～六〇時間の範囲で職務研修として算入される（京畿道教育庁学校政策課学校政策企画担当 二〇二二）。筆者が京畿道北部にあるD高校の教師から得た資料によれば、同校には二〇二二年度において「ＳＤＧｓ生活実践作り」「進路教育」「回復的生活教育研究会」「生態人文学を通じた生徒生活教育」など、計七つの専門的学習共同体が存在しており、メンバーは多いところで一〇名、少ないところでは五名で構成され

写真6-1　高校の教室を使って放課後に行われている、教師によって構成された研究会が主催する教員研修の様子。（筆者撮影）

ている。また、研修時間も専門的学習共同体ごとに一五時間から三〇時間までの間で設定されている。

このなかでひとつ目の「SDGs生活実践作り」の目的は「SDGs（持続可能な開発目標）を活用して教育課程を再構成」することや、「人文学と数学、技術教科の融合を通じた統合教育課程の研究」、そして「生活のなかで実践できるものづくり活動を教育課程に活用できる方法の探究」であるとされ、年間一〇回、水曜日の夕方の時間を主な活動時間に設定している。つまり、専門的学習共同体活動を通じて実際に授業をおこなうための教育課程再構成の作業をすすめているのである。

一方で、職務研修の時間を充足することが目的化した、形式的な専門的学習共同体も存在するようである。筆者が二〇二二年夏にインタビューしたことがある、革新学校として全国的に有名な京畿道内の革新中学校で勤務してきた教師Pによれば、異動先の学校では自由にテーマを決めて話し合う形の専門的学習共同体が存在していたという。それに対し、互いの授業について討論し、より生徒にとって意味のある授業をどのように構築するかを話し合う形を提案し、一週間に一時間からの活動では不足するということで他の教師と相談して一回当たりの時間を二時間に増やしたという。この事例から、専門的学習共同体が内実性を伴った活動になるかどうかは、リーダー的な教師の存在や、児童・生徒のために実際に改善したいテーマを同僚同士が共有できるかにかかっていると言えるだろう。

教師の危機

二〇二三年七月一八日、ソウル市瑞草区にある瑞二小学校の教室で一年生を担当する二三歳の教職二年目の教師が自殺した。これを契機にして全国の初等・中等学校の教師が声を上げ始めた。

写真6-2　事件のあったソウル市瑞草区瑞二小学校。追悼の花が並んでいる。（筆者撮影）

以下、『時事ＩＮ』（二〇二三年八月八日号）の記事などのメディアの情報に基づいて述べる。事件の後、自殺した教師の生前の日記帳の一部や同校で勤務する教師などの証言から、学校の業務負担が過多であったこと、クラスで起きた学校暴力事件をめぐり保護者から執拗な抗議を受けていたことなどが明らかになった。同校には多くの教師が弔問に訪れ、七月二二日にはソウル市内で教師や教育大学の学生ら五〇〇〇名が集まって「追慕式及び教師の生存権のための集会」が開かれた。今回の事件は多くの教師にとって他人事ではなかったという思いが教師たちの行動に繋がったと言われる。

事件の後、全国から続々と学校での苦悩を伝える教師らの証言がメディアに寄せられた。また、全国で瑞二小学校の教師と同様の理由で苦しんでいたとみられる教師の自殺が相次いで報道されている。その後、毎週、全国の教師がソウルにやってきて瑞二小学校の事件の真相究明と、亡くなった教師への追悼集会が開催されている。

そこで多くの教師が声を上げているのは、韓国語でいう「教権」が墜落しているという事実である。「教権」とは詳細に定義された用語ではなく、一般的には教師の人権や、教育権、職務上の権限と考えられる。保護者による教権侵害の深刻さはマスメディアの後続記事でも続々と報道されており、二〇二三年四月に教師労働組合連盟が教師一万一三七七名を対象にした調査によれば全体の二六・六％が最近五年以内に教権侵害に遭ったことによって精神科で治療やカウンセリングを受けたとの回答を得たという（『韓国日報』二〇二三年八月一三日）。さらに教育部は七月三〇日に、二〇一八年から二〇二三年六月までに初等・中等教師一〇〇名が自殺し、そのうち五七名が小学校教師であり（『京郷新聞』二〇二三年七月三〇日ほか）、二〇二三年七月以降、校長、教頭などの管理職や教育庁の助けもなく、児童・生徒やその保護者からの暴言・暴力に堪える教師自身の「告白」が連日のように報道されている。

今回の問題の背景には二〇一四年に制定された児童虐待犯罪の処罰等に関する特例法（児童虐待処罰法）に、児童虐待の疑いがある場合において、誰でもそれを行政機関や捜査機関に通報できるようになったことが大きい。結果、一部保護者が自身の子どもに指導を行った担任教師を、一方的に児童虐待として通報する事例が発生する。また、教権侵害（より適切には人権侵害）をおこなった保護者に対し、一部の学校の管理職や教育庁は状況を適切に調査することもなく、保護者との葛藤を避けて責任を教師個人に押しつけ、現場の教師を精神的に追い込んできた。

七月二一日には李周浩教育部長官は児童・生徒人権条例によって過剰に児童・生徒の権利が保護されることで、教権が侵害されているとして児童・生徒人権条例を「再整備」すると述べ、続く二四日には尹錫悦大統領も教権を侵害するとの理由で児童・生徒人権条例の改定を指示した。第4章で述べたように、児童・生徒人権条例が教権と対立するとの言説は京畿道で同条例が制定された時より条例に反対する人々が根拠にしてきたので、児童・生徒人権条例に否定的であった保守政権の政治家がそのように述べること自体はさほど驚くことではない。しかも、児童・生徒人権条例が制定されている地域は全国一七の市・道のうち、六つにとどまっているが、今回の問題は全国的な事象である。

瑞二小学校教師の自死の四九日にあたる九月四日には、教育部に懲戒処分を示唆されたにもかかわらず、全国二〇万〜三〇万人の教師が病気休暇や有給休暇をとって瑞二小学校教師の追悼集会に参加するため、ソウルの国会議事堂前に集まった（このときの教育部の「警告」はその後撤回された）。この日は「公教育が止まった日」とされ、多くの教師が瑞二小学校での事件の真相究明と教権回復を訴えた。

瑞二小学校での事件を契機に問題とされた教権をめぐる論争は、教師の教育課程の制定権などを含んだ職務上の権限にまで及んでいるという（『時事ＩＮ』二〇二三年九月一九日号）。ただ、これまでの報道からわかることとして、教師が望むのは、決して自らの権利や権威だけを主張しているのではなく、保護者と児童・生徒、教師の三者が信頼を基盤とした学校文化の醸成と、それを基盤とした教権の保障である。それは、瑞二小学校教師の遺族が四九日の追悼式で「再び悲劇的な死が繰り返されないように、そして教師と児童・生徒、保護者が互いに尊重・愛情・信頼・配慮する学校になるように皆様が知恵と力を合わせていくならば幸いです」と述べた言葉で象徴されている（『時事IN』二〇二三年九月一九日号）。

以上、教師からみた学校文化という主題で韓国の教師を取り巻く現実について考察してきた。戦後日本でも教師の教育権が論争の的になってきたことがある。日韓の文脈は異なるので一概に比較はできないが、新自由主義的な社会の価値観が広がるなかで相対的に教師という職業に対する信頼性の低下や、生徒指導や保護者対応の困難化、一人で抱え込みやすい教師文化は共通した課題のように思われる。教育の公共性を回復させるにはどうすればよいか。両社会共通の課題であると言えよう。

4　学校で働く人々

さまざまな資格を持つ教師

学校の教師にもさまざまな種類があることは、日本でも同じである。ただ、韓国の学校は日本よりもすこし種類が多いかもしれない。

韓国の教師の資格には、正教師のほか、保健教師、栄養教師、司書教師、専門相談教師、実技教師などがある。保健教師は、日本で言えば養護教諭にあたる教員である。実技教師は、専門系高校などで各産業分野の職業教育を担う。これらの教師資格のうち、日本にはみられない教員として、まずは専門相談教師に注目したい。

専門相談教師は、「相談」に関する専門性を備えた教師で、四年制大学などで相談・心理関連の学科を専攻しつつ教職課程を履修することや、教育大学院などで専門相談教育課程を修了することでその資格を得る。ここでいう「相談」とは、生活指導や進路指導に係る相談を指す。ただし、後述するように、進路相談に関しては二〇一一年に「進路進学相談教師」が導入されて以降は同教師が中心となって担うようになっている。したがって、専門相談教師の相談業務は主に、児童・生徒の情緒や友人関係、学校暴力（いじめを含む）、飲酒・喫煙等の非行行為、インターネット・ゲーム依存などに関する内容である。職務に関連する具体的な活動として、児童・生徒との一対一の個人相談やグループ相談（数名〜学級単位）などのカウンセリング、心理検査の準備や相談室の構築、地域の他機関との連携などの環境整備をおこなっている。しかし、専門相談教師はすべての学校に配置されているわけではない。同教師の配置率が最も高いソウル市でさえ四〇％ほどであり、最も低い江原道は二〇％程度である。専門相談教師は多くの場合、地域の教育行政機関などに配置され所管内の学校を巡回する形態がとられている。学校でのカウンセリングを担う専門職としては、教員資格を持たない専門相談士もおり、これらの教職員がいじめを含む学校暴力や学校への不適応といった問題に対応している。

一方、進路相談を主に担うようになった進路進学相談教師は、ほぼすべての学校に配置されている。進路教育（日本で言うところの「キャリア教育」）について定める「進路教育法」では「教育部長官と教育監は初・中等学校に児童・生徒の進路教育を専担する教師を置く」（第九条第一項）と定めており、これが根拠となっている。もっとも、同教師は、専門相談教師のような特別な教員種ではなく、教科目のひとつである「進路進学相談」の資格を取得した正教師が必要な研修等を経て教育監から発令を受けるものである。進路進学相談教師の導入は、二〇〇九年の教育課程の改正で中学や高校に「進路と職業」が選択科目として導入されたことが直接的な理由だが、その背後にあるのは大卒者の就職不振や大学入試改革であった。すなわち、四年制大学の就職率は約五五％と著しく低い水準にあり、より早い学校段階（中学校や高校）で将来の職業を見据えた進路設計の必要性が指摘されていた。また、当時の李明博政権の肝入り政策であった入学査定官による大学入試では、大学への志願者の適性や将来性の評価が重要な要素のひとつであり、受験準備にあたって下級学校におけるキャリア教育の重要性の高まりは必至だった。こうして、ほぼすべての学校に配置されている進路進学相談教師の職務内容をみてみると、当該校におけるキャリア教育の総括的な立場を務めるとともに、進路進学に関する児童・生徒や保護者との相談、キャリア教育の計画策定やプログラム運営、「進路と職業」科目の担当、校内外の職業体験活動の企画・運営、キャリア教育に関する各種研修の実施など、学校のキャリア教育関連の業務を一手に担っている感がある。その代わり他の業務の負担軽減が保障されるよう、校長には求められている。

学校運営事務に従事する職員

それでは、教師以外にはどのような職員がいるのだろうか。日本の学校に事務職員がいるように、韓国の学校にも学校事務を担う職員がいる。「行政職員」と呼ばれる、地方教育行政機関である教育庁所属の地方公務員である。その業務内容は、各種証明書の発行や情報公開、公文書の作成・保存などの行政関連業務、教職員の給与管理、休暇、出張などの人事に関する事務、インターネットの安全管理や機密文書管理などの保安に関する事務、学校運営委員会や予算・決算委員会など各種委員会の運営に関する事務、学校会計に関する事務、各種契約に関する事務、学校発展基金に関する事務、その他歳出入に関する事務、物品管理に関する事務、財産に関する事務、学校施設管理に関する事務、などのように整理される。

こうした大まかな業務内容をみる限り、日本の学校事務職員の業務とおおむね同じようにみえる。しかし、日本の小学校には一校当たり平均で一・〇六人の事務職員が配置されているのに対し（二〇一七年）、韓国の小学校には一校当たり三・九九人が配置されている（二〇一八年）。同様に、中学校の場合は日本の一・一四人（二〇一七年）に対し、韓国は三・三九人（二〇一八年）である。つまり、韓国の学校に配置されている事務職員の数は日本と比べて圧倒的に多い。業務内容にそれほど大きな違いはないように思えるのに、なぜこのような事務職員の数の違いが生じるのか。

その理由のひとつには、第2章第2節でも言及されたように、大規模な学校会計の取り扱い業務の存在があげられる。予算ベースでみると、小学校は一校当たり平均一五億八五〇〇万ウォン（約一億六〇〇〇万円）、中学校で平均一五億一六〇〇万ウォン（約一億五〇〇〇万円）の規模の財務を扱っている（二〇二一年度）。ここには教職員の人件費は含まれていない（学校採用の非常勤スタッフの人件費は含まれる）。つまり、人件費以外の教育活動や施設・設備に係る費用の処理を各学校でおこなっているということである。ある中学校の学校会計の内訳をみると、学校給食（韓国の多くの学校は無償給食）や経済的困難家庭に対する各種学費支援などの事業費が最も多く、次に多いのが施設の増改築や老朽施設・設備の改修などに係る施設・設備費である。こうした事業の支出に関する事務が膨大にあるわけだが、特に外部の業者が関わる場合は契約に係る業務が重要であり、かつ専門性の高い知識が必要となるため、複数の職員がそれぞれ担当の契約業務に専念する環境が整っていなければならない。

そのため、韓国の学校事務室（「行政室」と呼ばれる）には行政職員を補佐する非正規雇用のスタッフ（「行政実務士」と呼ばれる）が配置されているのが一般的である。学校規模にもよるが、一～二名の配置が多い。主に各種証明書の発行や文書の受送などを担当しつつ、行政職員の業務を補佐する役目を担っている。これらのスタッフは「教育公務職員」と呼ばれる職種で、教育監によって任用される非正規職員である。かつては学校会計を財源として雇用されていたため「学校会計職員」と称されていたが、不安定な待遇に対して職員が不満の声を上げたため、政府はその任用者を教育監に切り替えるとともに、社会的な地位の向上も意識して呼称に「教育公務」を冠した。その変化は外見的なものだけでなく、従来の有期雇用から無期雇用へと転換されるなど、実質的な待遇改善も図られている。

そのほか、施設・設備を管理する職員も事務室所属の職員として配置されており、こちらは正規の地方公務員である。上記の事務職員配置数の平均に含まれているのは、行政職員と施設・設備管理職員のみであり、非正規スタッフは含まれていない。したがって、韓国の学校事務室には統計に表れている以上の数の職員が業務に従事している。

このように、日韓の学校運営事務に携わる職員配置の状況の違いは歴然としている。もちろん日本の学校事務職員の配置数が適正であるとは言えまい。事務職員だけでは回らない事務を教師が負担していて、教師の労働環境の悪化に拍車をかけているのは確かである。韓国のような合理的な人員配置が必要であろう。

学校を支えるさまざまな「大人たち」

学校運営にあたる職員やスタッフは事務職員だけではない。事務室の補佐スタッフ以外にも、教育公務職員にはさまざまな職種がある。ざっとあげるだけでも、教育実務士、司書、栄養士、調理師、学童保育士、特別支援教育実務士、専門相談士などがある。教育実務士（「校務実務士」と呼ぶ地域もある）は、行政実務士が行政室に配置されるのに対し、校務室（職員室）に配置される補助スタッフである。教員の教授活動に係る各種雑務の支援が主な業務であるが、まれに行政室とも連携して補助業務にあたる。また、実験や実習、ＩＴ管理など、専門性を持った実務士が配置されている場合も多い。学童保育士（原語は「돌봄전담사」。直訳すると「ケア専担士」）は、その名のとおり、日本では学童保育（放課後児童クラブ）に当たる業務に従事する職員である。日本では学童保育は福祉施策であり、厚生労働省の所管であるが、韓国の学童は教育部が所管している。一般的には校内の空き教室などを改修し、学童保育室として運営している。韓国でも共働きは一般的であり、放課後はもちろん、始業前も学童保育を運営し朝食を提供する学校もある。

教育公務職員ではない職員、スタッフも学校を支えている。「放課後学校」と呼ばれる課外活動は、さまざまな文化・スポーツプログラムや教科プログラムを廉価で提供する事業である。放課後の学校でおこなわれるが、その指導・運営は当該校の教員が務めることもあるが、特に文化・スポーツに関するプログラムは外部の講師によって担われる。これらの外部講師は、各学校で採用される非常勤スタッフであり、放課後学校の時間のみ学校で勤務する。なお、教科プログラムは教員が指導する場合が多いが、教員にも時給換算の報酬がきちんと支払われる点は日本の部活動を念頭に置きつつ強調しておきたい。また、「学校保安官」と呼ばれるセキュリティ要員も非正規職員である。主に警察や教員の定年退職者、軍隊の退役者などがその職に就くことが多い。登下校の見守りや外部者の出入管理、校内の見回りなどをおこなっている。そのほか、何らかの理由で徴兵を免除された男性が学校で勤務している場合もある（韓国の男性には兵役の義務が課せられている）。「社会服務要員」と呼ばれるこれらの人々は、兵役の代わりに公的機関などでの労働が課せられており、学校に配置されることも多い。教員の業務の補佐や校内環境の整備、駐車場管理など、その職務内容は学校によってさまざまである。

このように、韓国の学校では教員以外にも正規・非正規のさまざまな職員が学校の教育活動を支えている。そうした学校運営のあり方が形成されてきた歴史的、社会的背景を考慮する必要があるため、単純な比較はできないが、日本の教員の「働き方改革」を論じるうえで参考になるものも多そうである。

5　教師のキャリアアップ

大学院で学ぶ教師

韓国の教師の学位取得率は高い。初等学校の修士号を持つ教師の比率は、二〇二二年時点で、全体の三〇・八%で、二〇〇五年時の一七・四%から大幅に増加した。中学校で三五・〇%、高校でも三六・九%の教師が修士号を有する。教師の任用後は、修士号や博士号の取得が昇進に当たっての評定において評価の対象となり、一定のインセンティブがあるのが理由のひとつである。これを支えているのが「教育大学院」である。教育大学院とは、主に教育大学や師範系学部を持つ大学に設置される特殊大学院で、学術研究を目的とする一般大学院とは異なり、教育実践と理論を融合させながら、現職教師の再教育を目的とする大学院である。所定の教育課程を終えると教育学修士の学位を取得できる。また教育大学院には教職課程が置かれているため、教員資格証（学部時代の専攻と一致する必要がある）の取得をめざす教職志願者も入学する。

教育大学院は、夜間授業や長期休暇を利用した集中講義が提供されているが、多くが二年半（五セメスター）の課程を設定している。夜間の場合、週に一、二回、日常の勤務終了後一七〜一八時に始まる講義に合わせ大学に出向き、二一時頃まで授業を受ける。修了要件に、修士論文の作成を課す場

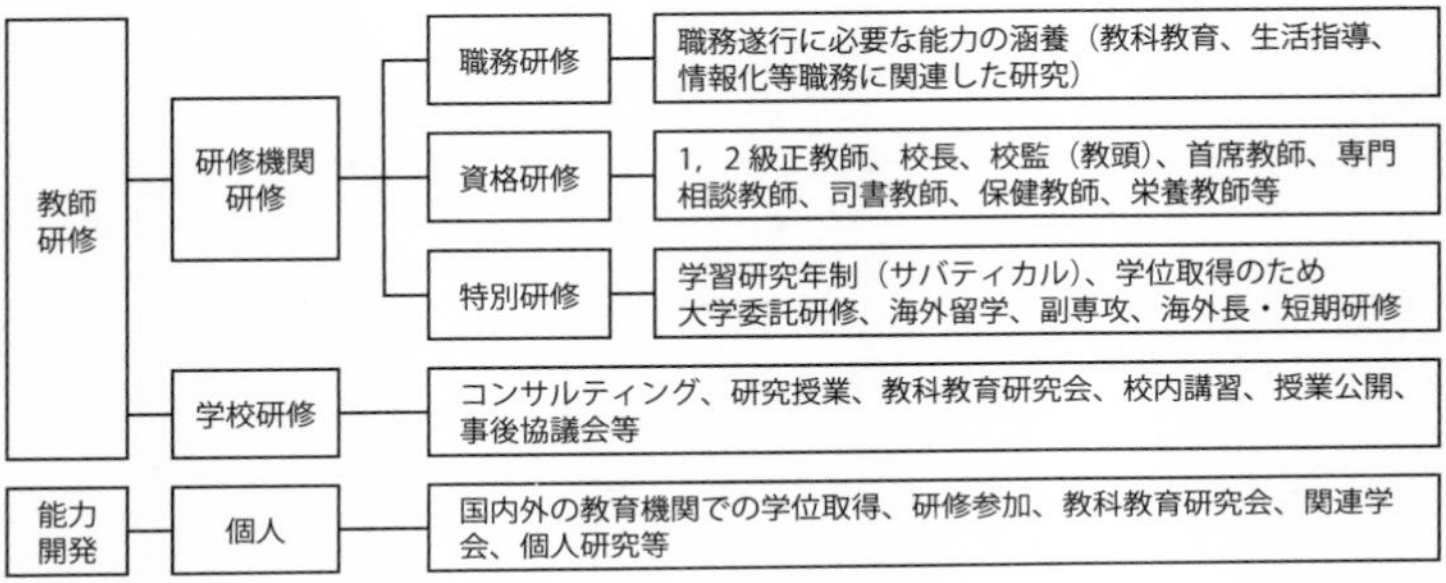

（出典）教育部（2019）『2020年教員研修重点推進方案』2頁。

図6-1　教師研修の種類

合もあるが、現場での実践研究報告書の作成をもってこれに替えるところもある。

いずれにせよ、学び直しが評価されるだけではなく、学び直す時間的余裕があるという点はキャリアップを見通せる職の魅力につながっている。

さまざまな研修制度

制度化されている研修制度としては、「資格研修」「職務研修」「特別研修」の三つがある。資格研修は、校長などの管理職や各種の教師資格を取るために受講が義務づけられた研修である。大学を卒業して取得できる資格は、正教師二級資格証であり、その後三年以上の教育経験を積み、資格研修を受けると正教師一級資格証が付与される。また、校長、教頭は教育部長官が検定・授与する資格証を受けた者でなければならず、この資格証は一級正教師として一定期間の教育実績と資格研修を受けることで取得できる。

職務研修は、教育の理論・方法、研究及び職務遂行に必要な能力を養うための職務研修と「教師等の研修に関する規程」第一八条による教師能力開発評価の結果、職務遂行能力の向上が必要と判断された教師を対象とする職務研修に区分される。教育課程の改訂によって現場に導入されたプログラミング教育やＩＣＴを活用した教育方法などなど、教員の専門性を向上させる研修が教育行政機関や大学等によって提供されており、教員は放課後や長期休暇期間を利用して研修に参加する。

初任教師の研修は、教師採用試験合格者を対象におこなわれる採用前研修（初任教師採用予定者職務研修）が義務化されている一方、採用後の研修は自治体によって取り扱いが異なり、実施しているところとしていないところがある。採用前研修は、三〇～六〇時間程度、各広域市・道教育庁の研修院等でおこなわれる。たとえば、慶尚北道教育庁の二〇二〇年度採用予定者の職務研修は、遠隔研修（オンラインやオンデマンド）一二時間、対面研修一八時間で構成され、一月下旬から二週間おこなわれている。

特別研修は、専門知識の習得のために実施する国内外の特別研修プログラムを意味する。特別研修は、職務研修や資格研修とは異なり、一定期間現職から離れて国内外の教育機関または研修機関においておこなわれる。

昇進と報酬

教育公務員の報酬は「国家公務員法」に基づいた「公務員報酬規程」と「公務員の手当等に関する規程」によって決定されており、基本給のほか、各種手当が支給される。日本と異なるのは、学校種・職階に限らず単一の号俸表が適用されている点である。号俸表は、一番低い一号俸から最高四〇号俸まで区分されており、級はないため、職階が上がっても号俸表は変わらない。新任教師は一般的に九号俸から始まり、経歴・職階に関係なく最高号俸である四〇号俸に到達することとなる。これ以降の号俸は定められていないため、経歴を積んでも号俸が上がることはないが、これを補填するために、一般職公務員と異なり、最高号俸に到達した以降も勤続年数により追加号俸を加算することができるとされ、最大一〇号俸分まで勤続加俸することができる。

超過勤務手当が支給されている点も異なる。超過勤務手当は、一日四時間までとされ、月に五七時間を超えることはできない。教師は、月に一五時間以上勤務した者に対しては、定額分として一〇時間の超過勤務手当が予め支給されており、これを超えた場合、超過勤務申請を管理職に申請し、許可を得ることで、超過勤務をすることができる。時間当たりの単価は、号俸によって異なるが、約一万三〇〇〇ウォン（約一三〇〇円）程度である。

ＯＥＣＤ『図表でみる教育二〇二三年版』（明石書店、二〇二三）によれば、韓国の初等学校の初任者の給料は、約三万六〇〇〇ドルで、ＯＥＣＤ平均を下回っているが、勤続一〇年の時点で平均を上回り、最高給与には勤続三七年で到達し、その額は初任給の二・八倍となる。各種手当を考慮する必要があるが、これらの額はいずれも日本よりも高い。韓国国内でみれば、他の公務員よりは若干高く設定されているが、民間と比べると低いとされている。調査で出会ったある教師は「他の職に比べたら給料は低いが、プライベートの時間は確保できるし、何より子どもが好きなので、やりがいがある」と語っていた。

韓国の教師たち

パク・ソンワン（釜山教育大学教授）とパク・ソヨン（淑明女子大学教授）が著した『一九九〇年代生まれ、教師になる』は、一九九〇年代生まれの「最近の教師」らの学校生活や教育観、人間関係に関する語りを分析したものである。この本で扱われる問いは、①一九九〇年代生まれの教師の特徴は何か、②一九九〇年代生まれの教師の特徴のうち、世代間の差や世代のなかでの個人差がみられる点は何か、③こうした一九九〇年代生まれの教師たちは学校組織や教職文化にどのような影響を及ぼすか、という点である。韓国でMZ世代と呼ばれる世代は、デジタル環境に慣れており、モバイルを優先的に使用し、最新トレンドや他人とは異なる経験を追求する特徴があるとされる。その世代の教師らの語りからは、「最近の教師」らのリアルが浮かび上がる。

わたしは、いずれにせよ確実なことは、行政職、管理職にはまったく関心がなく、昇進にも興味がないということで、でも教育という仕事は続けたいのだと思います。やりがいも少しあるし、教えることは続けたいと思っているのですが、まぁ続けて、その生活をするかはわかりませんが。わたしは個人的になんというか平の教師として定年を迎える先生を本当に素晴らしいことだと思っているんです。（『一九九〇年代生まれ、教師になる』四九頁）

ここには、昇進よりもワークライフバランス、使命感よりも労働を語る九〇年代生まれの教師像が描かれる。忙しさや責任の重さから管理職を避ける傾向にあるのはこの世代に限ったことではないが、人間関係についても独特の感覚を持つという。「既存世代」の教師は先輩教師や管理職を敬い、仕える対象として考える一方、一九九〇年代生まれの教師は学校管理者も一同僚でありそれぞれの仕事を全うすればよいと考える（『一九九〇年代生まれ、教師になる』九二頁）。そもそも教職に就いたのは、彼らは社会的な評価や勤務条件を考慮し、無難な職業として考えたからである。必ずしも教職にこだわりがあるわけではなく、ほかにやりたいことが見つかればキャリアを移すという。このような考えがすべての教師に当てはまるわけではないが、日本でも耳にするような「最近の先生」論が韓国でも語られているのは興味深い。

これまでみてきたように日韓の教師は似ているようで微妙に異なる側面があった。その差は時に政策を見直す示唆となることがある。両国の先生に敬意を表しつつ引き続き先生たちの活躍に注目したい。

コラム

師匠の日
——恩師への感謝を込めて

日本にはない記念日のひとつに、「스승의 날(ススンエナル)」というのがある。「스승(ススン)」は師匠を表す言葉で、直訳すれば「師匠の日」となる。公休日ではないが、お世話になっている先生や恩師に感謝の気持ちを伝える日として毎年五月一五日は全国でさまざまなイベントが開催される。

忠清南道の江景女子高校(現江景高校)の青少年赤十字社団員らが世界赤十字の日(五月八日)に合わせ一九五八年から現職の先生や退職された先生に対しておこなっていた慰問活動が起源とされており、全国の赤十字社団員がこれを見習って恩師の日の行事がおこなわれるようになった。一九六五年には、韓国語の文字であるハングルを創った世宗大王の誕生日である五月一五日を「師匠の日」とすることとされ、全国的に広がっていった。

しかし、一九七三年三月に軍事政権により教育関連の記念日が禁止(国民教育憲章宣布日に統一)されたことで師匠の日の行事は公式的にはおこなわれない時期があった。一九八二年五月一五日に「師匠の日」が復活し、それ以降毎年師匠の日の行事がおこなわれている。たとえば、教育部では、師匠の日に、毎年模範的な教師らに対して表彰状を授与している。

師匠の日には、生徒が先生にカーネーションを贈ったり、感謝の手紙を渡したりとさまざまな形で気持ちを伝える光景がみられるが、かつては、わが子のために親が先生に過度な贈り物をすることが問題にもなった。

師匠の日に限ったことではないが、二〇一六年に制定された「不正請託及び金品等授受の禁止に関する法（請託禁止法）」（この法律が制定されるきっかけとなった人物を付して「キム・ヨンラン法」とも呼ばれる）は、師匠の日の贈り物文化も規制対象となり、学校や幼稚園で教師に商品券などを贈ることは一切禁止され、全校的な行事をおこなわなくなったり、師匠の日を休みにする学校も増えた。ただし、児童・生徒が公開の場で、カーネーションや手紙など感謝の気持ちを伝える行為は認められている。

師匠の日は、習い事の先生や大学の先生、人生の師匠などさまざまな恩師に感謝を伝える日として大切にされている日である。

「師匠の日」のお花のおくりもの

第7章 学びの機会の保障

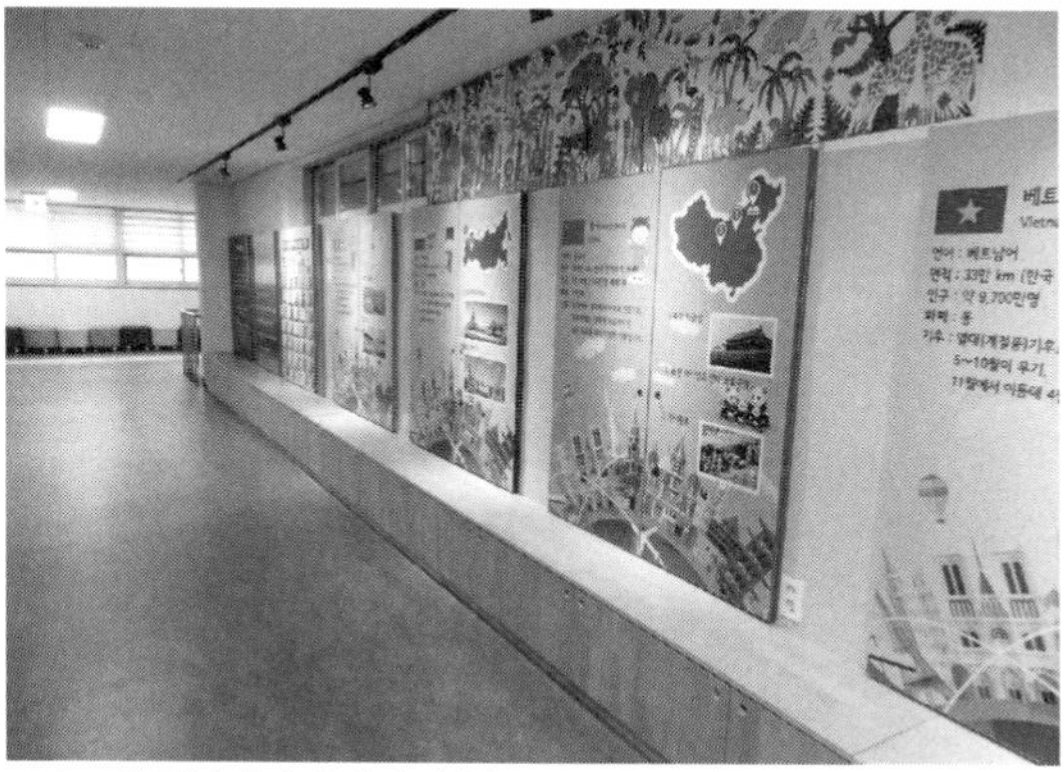

ソウル特別市多文化教育支援センター（編著者撮影）

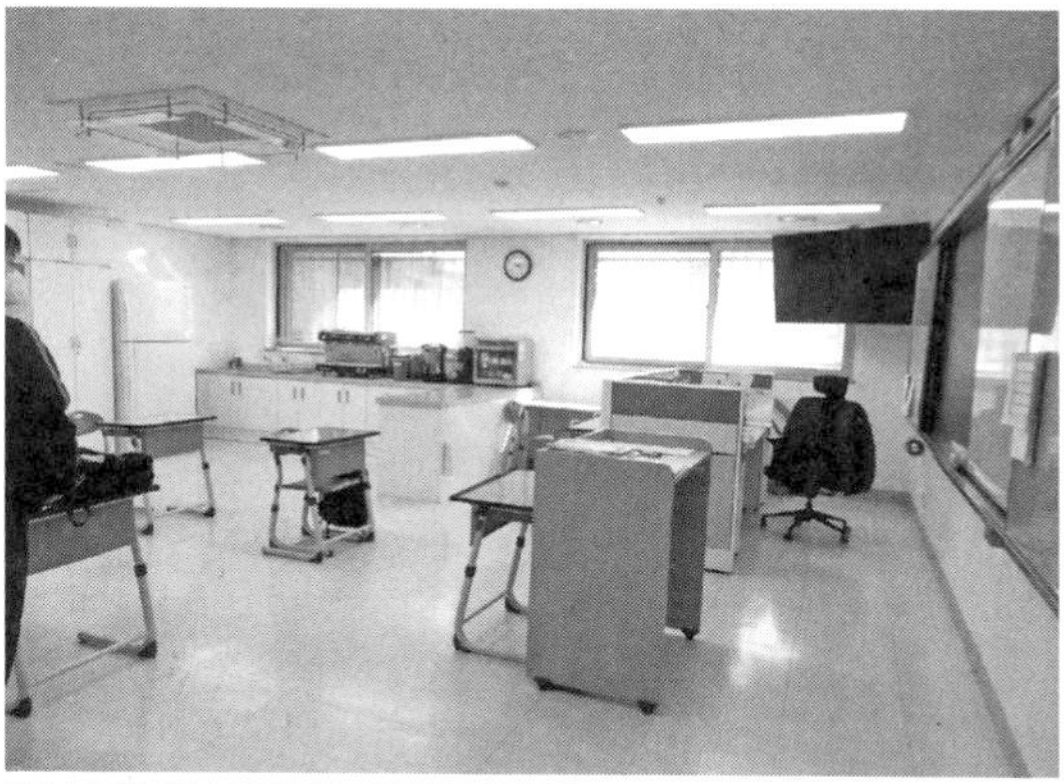

高校の特別支援学級（編著者撮影）

1　特別なニーズへの対応

中学校の特別支援教師の一場面

午前八時三〇分、特別支援（韓国では「特殊教育」というが、本節では「特別支援」という）教室で生徒を迎える準備をする。通常級での朝の会は八時四〇分からだが、その前に特別支援教室で先生とあいさつしようと約束したからだ。特別支援教室に入ってきた生徒とあいさつを交わすと通常級に送り出す。一人の生徒が教室に入れず廊下をうろうろしている。教室に入るように声をかけるが難しいようだ。ひとまず一時間目の社会科の先生に状況を説明し、生徒にはゆっくりで大丈夫だと声をかけた。特別支援教室の先生は各教室にいる特別支援対象者を見て回る。一年生の教室に入ると、時間割通りに教科書が出ているか、体調不良等を起こしていないかなどを確認する。給食時間にも同様に見て回る。これはある中学校の特別支援教師の一場面である。韓国の特別支援教育では、統合教育がめざされており、通常学級での支援が一般的である。特別支援対象の子どもは個別指導計画が作られ、科目や教育内容によって特別支援教室に移動して個別支援をうける。

増加する特別支援教育対象の子どもたち

『二〇二二年度版特殊教育統計』（国立特殊教育院 二〇二二）によると、韓国の幼稚園から高校までの特別支援対象者は一〇万三六九五人である。これは二〇二一年度下半期基準ですべての幼・小・中・高校生約五九四万人の約一・七％に該当する。障害領域別でみると、視覚、聴覚、肢体、情緒・行動、学習障害の数や割合は減少している反面、知的障害、自閉性障害、発達遅滞はその数や比率は増加しつづけており、特別支援対象者のうち五〇・八％（五万二七一八人）が知的障害である。

障害のある子どもの学びの場としては、特別支援学校、特別支援学級（教室）、通常学級、特別支援教育センター、院内学級、巡回教育などがあるが、特別支援対象者の七二・八％は一般の学校に通っている（五五・九％が特別支援学級、一六・九％が通常学級）。韓国では統合教育の方針がめざされており、特別支援対象者の原籍は通常学級で、科目や教育内容によりその時間のみ特別支援学級（教室）に移動する。特別支援学級の設置数は増えているが、ひとつ以上設置されている学校は、小学校では七六・八％、中学校では六一・七％、高校では四七・五％で、学校段階が上がるごとに設置率は低くなる。ただ二〇〇六年の時点では、小学校の五〇・七％、中学校の二七・六％、高校の一二・七％にしか設置されていなかったことを考えると、特別支援教育へのニーズの増加とともに環境改善がなされている。

特別支援教師資格

特別支援学校や特別支援学級などにおいて特別支援教育を担当する教師は、特別支援教師資格証を有していなければならない。日本のように一般教師が特別支援学級を受け持つことはない。特別支援教育を担当する教員の養成は、主に師範学部の特別支援教育科でおこなわれ、卒業時に特別支援教師二級資格証が付与される。特別支援教師が不足していた時期には、一般教師に所定の研修を受けさせることで、特別支援教師資格を付与していたが、現在は、養成課程で資格を得る。初等・中等の区別や障害領域による資格証の差はない。特別支援教師免許は、一般教師免許とは区別されており、特別支援教師免許のみで通常学級を受け持つことはできない。特別支援教師の採用は各市・道教育庁において一般教師の採用とは別枠で実施されており、人事異動も基本的に特別支援学級や特別支援学校間の異動となる。

特別支援教育課程

国は特別支援教育課程を定めており、共通教育課程、選択教育課程、基本教育課程の三つに分類される。共通教育課程は、小学校と中学校の障害のある子どもを対象に、小学校・中学校の教育課程に準じて編成された教育課程である。選択教育課程は、高等学校の教育課程に準じて編成された障害のある生徒を対象とした教育課程である。基本教育課程は、前述の二つの教育課程を適用することが難しい子どもを対象に、障害の種類や程度を考慮し、学年の区分はおこなわず、その子どもの能力に基づいて該当する教科（国語、算数・数学、社会、科学、実科・技術・家庭、体育、音楽、美術及び教育部長官が認めた科目、特別支援対象者の進路及び職業に関する教科）のレベルを調整して編成された教育課程である。実際の指導においては、特別支援教師が障害のある児童・生徒それぞれの状況に添って作成した個別の教育支援教育計画に従って指導する。

特別支援教育振興のための法整備

韓国の特別支援教育は、一九七七年の特別支援教育振興法の制定により本格的な整備が始まった。同法では、視覚障害、聴覚障害、発達障害、肢体不自由、情緒障害（自閉症を含む）、言語障害、学習障害、その他教省令で定める障害のある者のうち特別支援教育を必要とすると診断・評価された者を特別支援教育対象者としており、国及び地方自治体は特別支援教育の振興のための施策を講じることとなっている。一九九四年には、全文改正され、障害児の学習権の保障が強調された。これにより、小学校及び中学校課程の義務教育、さらに幼稚園から高校までの無償教育が明記された。そのほか、就学便宜、差別禁止、家庭、施設、病院、特別支援学校、特別支援学級などへの巡回教育、統合教育、個別化教育ができることが明記された。以降、特別支援教師養成機関が増加し、特別支援教育を専門とする教師の育成や特別支援教育研究機関の設置、特別支援児童早期教育館の設置が進められた。

二〇〇七年には、同法に代わり「障害者等に対する特別支援教育法」が施行されたことで、就学前から後期中等教育までが義務教育化され、三歳児未満の障害のある乳幼児についても無償教育化された。これにより、高等学校において障害のある生徒に対して、卒業後の進路や就職を見据えた指導のあり方が模索されるようになるとともに、障害者の生涯学習体制を構築する動きが活性化された。現在は、高等教育への進学や職業への接続を支援する体制づくりがめざされている。

高等教育における障害者の学びの保障

教育部によると、障害のある大学生は、二〇〇六年の四〇四五人から、二〇二〇年の九七一七人に増えており、障害のある大学生は増加傾向にある。しかし、全学生数における障害学生の比率は一％に満たず、依然として障害者のための高等教育機会の提供には課題がある。韓国では、一九九五年から障害のある生徒に対する大学教育の機会を拡充すべく、障害者に対する特別な入試枠（特別支援教育対象者特別選考）を設けてきた。特別支援教育対象者特別選考は、何らかの障害のある学生らの高等教育機会を保障することを目的に設けられた定員外募集枠である。選考方法は大学によって異なるが、多くが内申書、全国共通の修学能力試験の結果、面接などを選抜資料としている。内申書のみで選抜する入試も存在する。

このような入口の保障のみならず、ナザレ大学や安山大学のように知的障害者のための学科を開設するような学びの保障の事例も登場している（井口・田中 二〇二二）。これらの大学は、特別選考を経て知的障害者を一般学科に受け入れるものとは異なり、学科自体が知的障害者のために編成されている点が特徴である。

このように特別支援については、就学前から後期中等教育までの義務教育化がなされ、高等教育での学びの保障が模索されている。

2　学校の多文化化

韓国社会の多文化化

一九八〇年代に世界的な冷戦構造が終焉を迎え、それと時を同じくして一九九〇年代初めに韓国はこれまで外交関係のなかったロシアや中国と国交を結んだ。そして、一九九一年には日本の技能実習生制度に似た産業研修制度を導入し、外国人技術研修生が韓国国内で「研修」することが認められるようになる。筆者は一九九〇年代半ばより、調査で中国朝鮮族が集住する中国吉林省延辺朝鮮族自治州を頻繁に訪れてきたが、教員を含め韓国に出稼ぎに行く朝鮮族が後を絶たなかった。また、韓国人男性との結婚を募集するビラも頻繁に目にした。当時、朝鮮族の人々が語っていたのは「韓国で一年出稼ぎ労働をすれば中国で一〇年間働いたのと同じだけの利益になる」というものであった。実際は各種手数料があるために韓国で働いた利益がそのまま自身の収入となるわけではなかったが、韓国での「出稼ぎ」によって富を築くことは朝鮮族の間で「コリアンドリーム」と呼ばれていた。一方で「研修生」扱いでの労働は雇用主との間でトラブルに遭ったり、「不法就労者」になることによって、精神的にも経済的にも利益以上のリスクを負うこともあった。また、韓国のメディアでは農村の韓国人男性と結婚した外国人女性の実情について頻繁に報道されていた。

外国人技術研修生制度で始まった外国人労働力の導入初期はその制度ゆえに、さまざまな人権侵害状況が発生したため、市民団体などの運動もあり、外国人労働力を正式に労働者と位置づける外国人雇用許可制度が二〇〇四年に導入された。さらに二〇〇七年には中国やロシアの国籍を有する朝鮮系住民の韓国国内での就業制限を大幅に緩和する在外同胞訪問就業制が導入され、制度的には外国人労働者の人権侵害問題は大幅に改善されている。しかしながら、在外同胞を除いて外国人労働者は一時的な滞在者として導入されており、韓国人とその配偶者によって構成される多文化家庭や多文化児童・生徒の状況とは大きく異なる。

多文化家族とは、二〇〇八年に制定された「多文化家族支援法」によれば韓国国籍者と外国国籍者（結婚移民、韓国国籍者と離婚したものも含む）、または韓国国籍取得者との婚姻によって構成された家族のことを意味し、親の認知や帰化によって韓国籍を取得した人と韓国国籍者との婚姻による家族もその範疇に含まれる。そして多文化児童・生徒と呼ばれるのは一般には多文化家族の子どもと外国人住民同士の間に生まれた子どものことを意味するが、後者は多文化家族支援法による対象外であり、多文化家族の子どもに比べ、行政からの支援は弱い。

韓国の多文化の現況——数字からみた多文化化

韓国国内には二〇二一年現在、約二一三万人の外国人（外国国籍者、韓国国籍取得者、外国人住民の子どもを合わせた数）が居住しており、国内総人口約五一七四万人の約四・一％を占めている（行政安全部社会統合支援課 二〇二二）。ちなみに、日本の二〇二一年現在の外国人人口は約二七六万人で総人

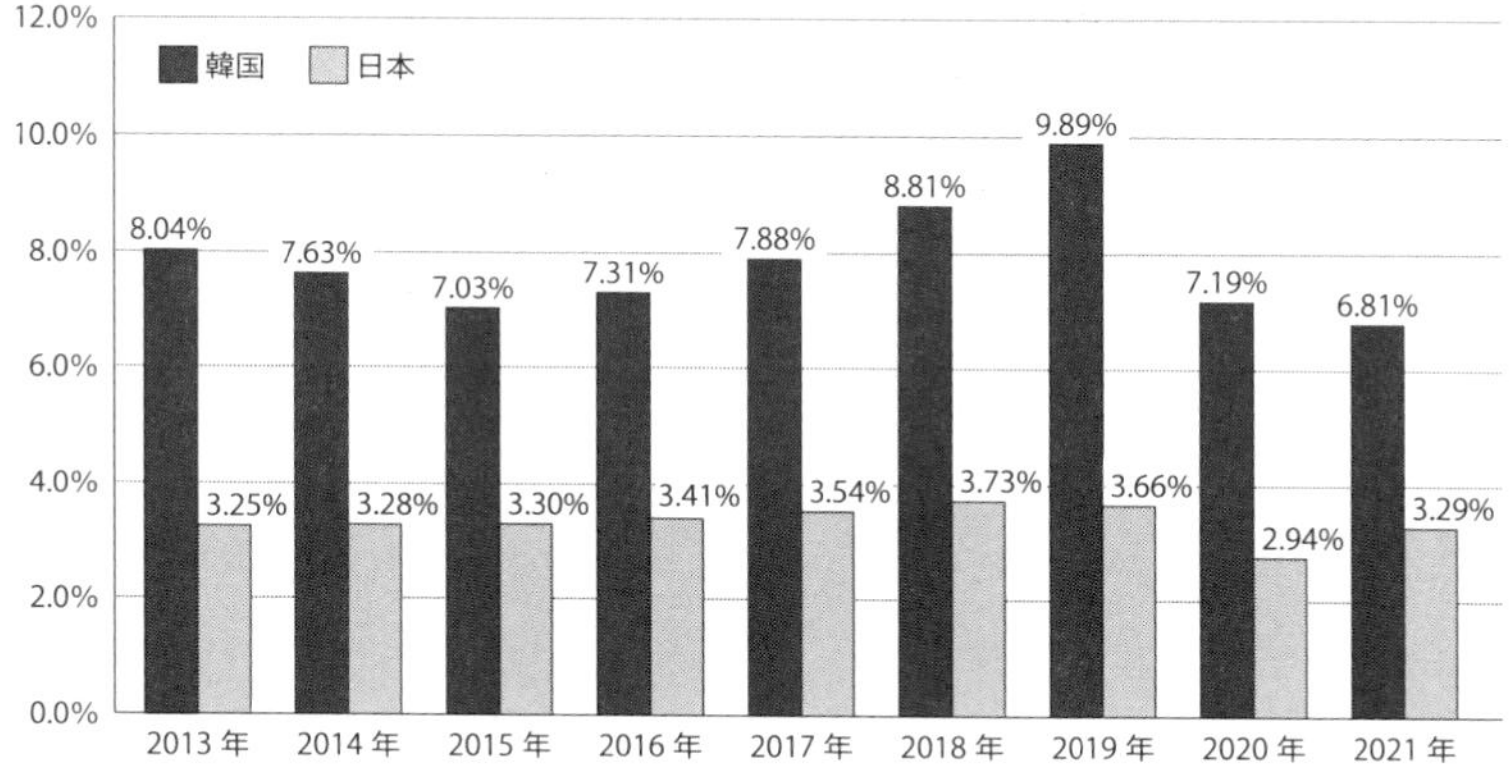

（出典）「E-STAT 統計で見る日本」及びe-ナラ指標のデータを用いて作成。

図7-1　日本と韓国における国内の国際結婚割合の年別推移

口の二・二％を占めているので、統計上、韓国社会の「多文化化」は日本以上に進展している。一九九〇年代初頭の韓国の外国人人口が約五万人であったことから、三〇年の間に四〇倍以上も増加している。年度別の国際結婚の状況を示した**図7-1**によると、二〇一三年から二〇二一年までの韓国での全婚姻数に占める国際結婚の割合は六％台から九％台に推移しており、最も多い二〇一九年で約九・九％であった。これは同時期の日本の二倍以上である。また、多文化家庭の親の国籍は、韓国人が男性の場合が三倍多く、国際結婚の七二％を占めている。

親の国籍別では二〇〇一年から二〇〇四年にかけては妻が外国人の場合の七〇％以上を中国国籍者（朝鮮族を含む）が占めている時期もあったが、二〇二二年にはベトナムが最も多く二七・六％を占め、以下、中国（一九・〇％）、タイ（一六・一％）と続いている。中夫が外国人の場合はアメリカ（二九・六％）、中国（一六・一％）、ベトナム（一二・六％）の順に多い。また、

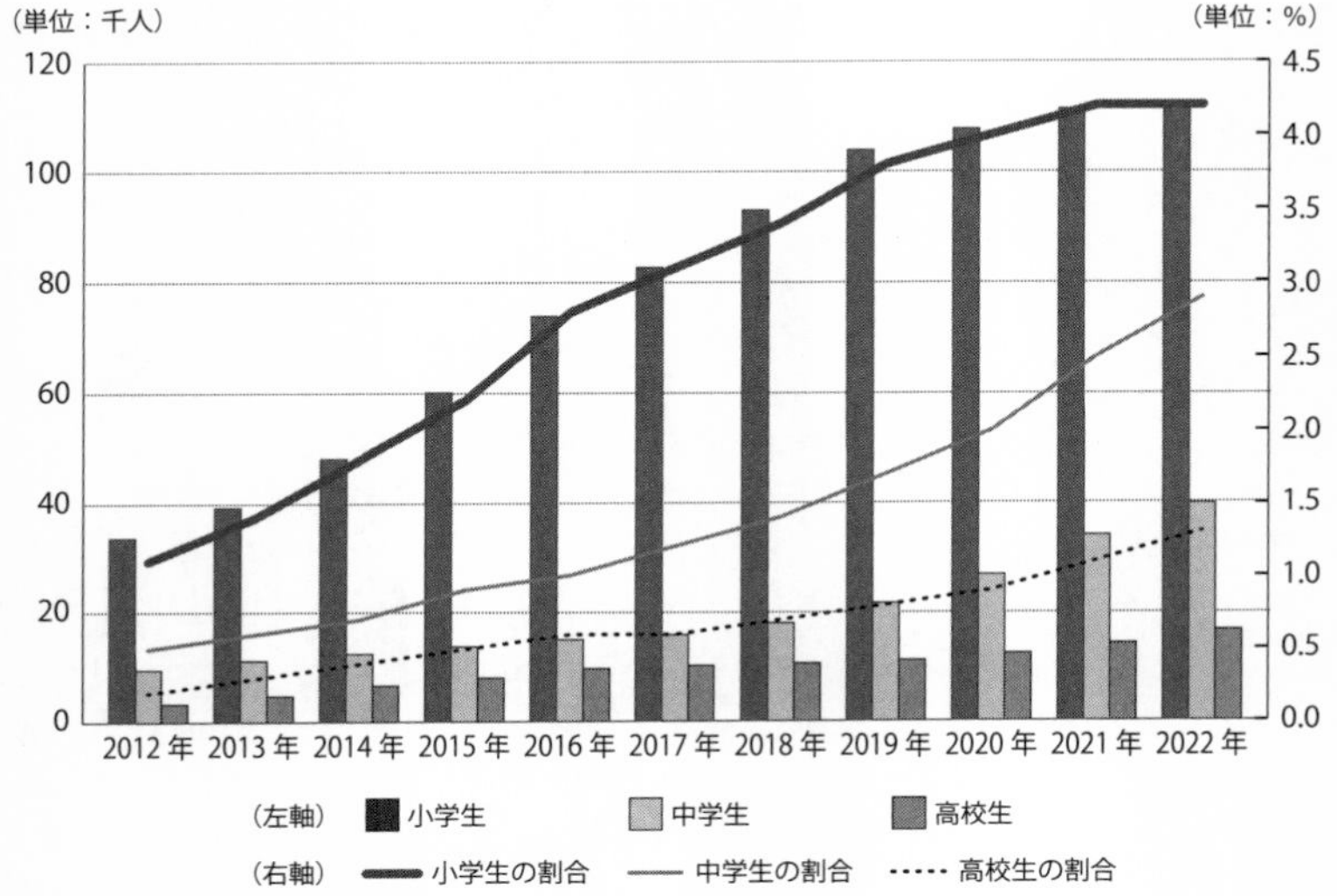

（出典）教育部・韓国教育開発院（2022a：54）より作成。

図7-2 年度別学校級別多文化児童・生徒数の変遷

地域別では忠清北道、忠清南道、全羅南道、済州道が全体婚姻数の一〇％以上を占めるほどの数に上っており、全体的に地方での婚姻が多いことが特徴である（統計庁 二〇二三）。これらのことから、韓国における多文化児童・生徒の全体的な傾向としては、中国や東南アジア出身の母親を持ち、地方都市に暮らしているという現実が浮き彫りになってくる。

国際結婚の増加に伴い多文化児童・生徒数も年を追うごとに増加している。**図7-2**によれば二〇二二年における小学校における多文化児童・生徒の割合は四・二％、中学校で二・九％、高等学校で一・三％である。そのうち、国内出生者は七四・七％、中途入国者は五・九％、外国人児童・生徒は一九・四％を占めており、年次推移ではすべての類型で増加しているが、特に二〇一九年からの推移では外国人児童・生徒が増加している。一般的に韓国国内で出生した子どもの場合、言語は問題となりにくいのに対し、中途入国者や外国人児童・生徒の増加は言語面での支援が今後一層必要となることが予想される。また、地域ごとの多文化児童・生徒の割合が最も高いのは全羅南道の五・六八％、忠清南道の四・九四％であり、これらの農村部を多く抱える地域では多文化家族の子どもの割合が多いのに対し、京畿道や仁川市といった大都市を抱える首都圏地域では外国人児童・生徒の割合が高いのが特徴である。

国家による多文化教育政策

これまでの考察から、韓国の多文化教育政策は韓国国籍を有する人々、つまり多文化家庭の子どもを中心としておこなわれてきたことが複数の研究で指摘されている。多文化家族支援法に基づき各地に設置されている多文化家族支援センターにおいて、多文化家庭の子どもは韓国語教育（中途入国の子ども対象）、相談サービスを通じた言語発達支援、読書指導や宿題指導のための訪問教育といったサービスを受けることができる。多文化家族支援センターでの支援は主に女性の結婚移民を想定されていると思われ、実施主体も女性家族部が担っている。

また、教育部の事業としては、まず、多文化児童・生徒を対象としたものと、全児童・生徒を対象としたものに分けられる。前者については就学前の準備教育、就学後における韓国語教育、基礎学力向上策、相談体制の充実などが挙げられる。また、多文化児童・生徒を対象とした教育をおこなう多文化教育政策学校なども運営している。全児童・生徒を対象としたものとしては多文化教育を実施するための情報提供などが挙げられる（教育部 二〇二三）。

こうした国家による多文化教育政策の問題点として、教育部をはじめとした複数の機関によってさまざまな施策がおこなわれている反面、類似のプログラムを複数の部署が重複して実施していることや、韓国への同化志向が強いことなどが指摘されている。多文化家庭の外国人の親の言語の維持のための施策が弱いことは、これらの課題を象徴している。

韓国の多文化教育の実際

これまでは「当事者」である多文化児童・生徒の状況についてみてきたが、ここでは全生徒を対象とした多文化教育の実践例について、京畿道の主要都市で多文化教育実践をおこなってきた中等学校教員（以下、O教師）から聞いた内容に基づき紹介したい。

O教師が二〇一三年当時に革新学校に指定されていたE中学校に在籍していたとき、地域の外国人支援をおこなう民間団体であるF移住民センターと連携して、民主市民教育のための予算で二年生対象に多文化教育を実施した。この当時、京畿道教育庁の重要政策として人権教育などのプログラムが推進されており、その延長線上で東南アジアや中国などの出身の結婚移民女性を呼び、それらの人々と交流することによって文化理解をおこなった。これによってO教師は生徒自治の活性化にも役立ったと認識している。F移住民センターでは結婚移民女性を対象に、学校でおこなわれる多文化教育（国際理解教育）の講師として活動できるように研修をおこなっており、学校からの依頼により講師を学校に派遣している。

写真7-1　高校の日本語の授業における日本文化理解をテーマにしたおにぎり作りの「成果物」（筆者撮影）

一方で、O教師は、特にアジア出身の多文化家庭の児童・生徒が自身の背景を隠し、学校暴力の被害者となることが多い現状において地域と連携した多文化教育を強化する必要を感じているものの、コロナ発生以後にこうした教育をおこなえていない点を課題と感じていた。筆者が中学校や高校の教員から聞いた話や、多文化児童・生徒に言及した資料をみると、多文化児童・生徒は学校に不適応になりがちで学業中断率が高く、O教師の話のようにいわゆるいじめの対象になりやすいことが多く指摘されていた。つまり、韓国社会のなかで外国に背景を持つ子どもが適応に苦労を重ねており、学業問題も含め、結果として韓国の学校で排除の対象となっている。単に文化の違いのみならず、移住女性と結婚する男性の社会的背景や所得状況と重なって社会的マイノリティの度合いが一層強くなっているのである。日本と同じく、単一民族の幻想が強かった韓国において、外国人労働者の受け入れ政策は一定の成果を収めたが、今後学校教育の現場で多様な背景の子どもが自由に自己を表現し、豊かな学校生活をおこなえるかは、いうまでもなくマジョリティたる韓国の人々による多文化社会への眼差しにかかっている。既存の国民の枠組みをどこまで脱構築できるかであろう。

3 「普通の学校」では満たされない子どもたちの学び

オルタナティブ教育のはじまりと広がり

韓国において、既存の学校教育に対するオルタナティブな教育のあり方が追求されるようになったのは一九九〇年代以降のことである。小規模で草の根的な教育プログラムから始まったオルタナティブ教育（韓国では「代案教育（대안교육）」と呼ばれる）であったが、一九九〇年代後半になると常設型のオルタナティブ・スクールが続々と設立されていった。なかでも一九九七年に設立されたガンジー青少年学校（現在のガンジー高校などの前身）は、韓国初の本格的オルタナティブ・スクールと言われる。

一九九〇年代に韓国でオルタナティブ教育が盛んになった背景には、この時期に教育の民主化が進んだことがある。入試や学業成績を第一とする既存の学校教育への批判や反省から、より自由で多様な教育を求める声が高まったのである。またこの時期、中途退学や青少年の非行等が急増したことから、学校不適応児童・生徒の受け入れ先としてもオルタナティブ・スクールが注目されるようになった。

学びのニーズは公教育の外で満たす？――無認可オルタナティブ・スクールの増加

こうした状況に対応すべく、政府は一九九八年にオルタナティブ教育を目的とする正規学校として「特性化中学校」と「特性化高校」という新たな学校種をつくった（現在の代案教育特性化中学校・高校）。この際、政府や自治体は自分たちで新たにオルタナティブ・スクールを設立するよりも、既存のオルタナティブ・スクールを特性化中学校・高校に指定する施策をとった。これら既存のオルタナティブ・スクールには宗教系の学校が多かったため特性化中学校・高校にも宗教系の学校が多く、二〇〇六年時点の特性化中学校・高校二八校のうち、実に二〇校（七一・四％）が宗教系の学校であったという。そのなかでもキリスト教系が一二校（四二・九％）と圧倒的に多く、次いで仏教系が八校（二八・六％）であった（教育人的資源部 二〇〇七a：七五）。

特性化中学校・高校の登場によって公教育内に一部オルタナティブ教育のニーズを取り込むことができたものの、それは不十分なものであったと言わざるを得ない。正規学校である特性化中学校・高校はカリキュラム編成に際して国家教育課程の大枠を守らねばならなかったことや、政府や自治体の期待した役割が学校不適応生徒の受け入れに偏っていたこと、小学校段階をカバーできていなかったこと、そして何よりも学校数や受け入れ可能な生徒数のボリュームが絶対的に不足していたためである。

多様化し拡大する教育ニーズに公教育が十分に対応できないなか、二〇〇〇年代に入ると学校としての正式な認可を受けていない無認可オルタナティブ・スクールが続々と設立され始めた。二〇〇〇年代後半に差し掛かる頃には無認可オルタナティブ・スクールはそのボリュームにおいて特性化中学

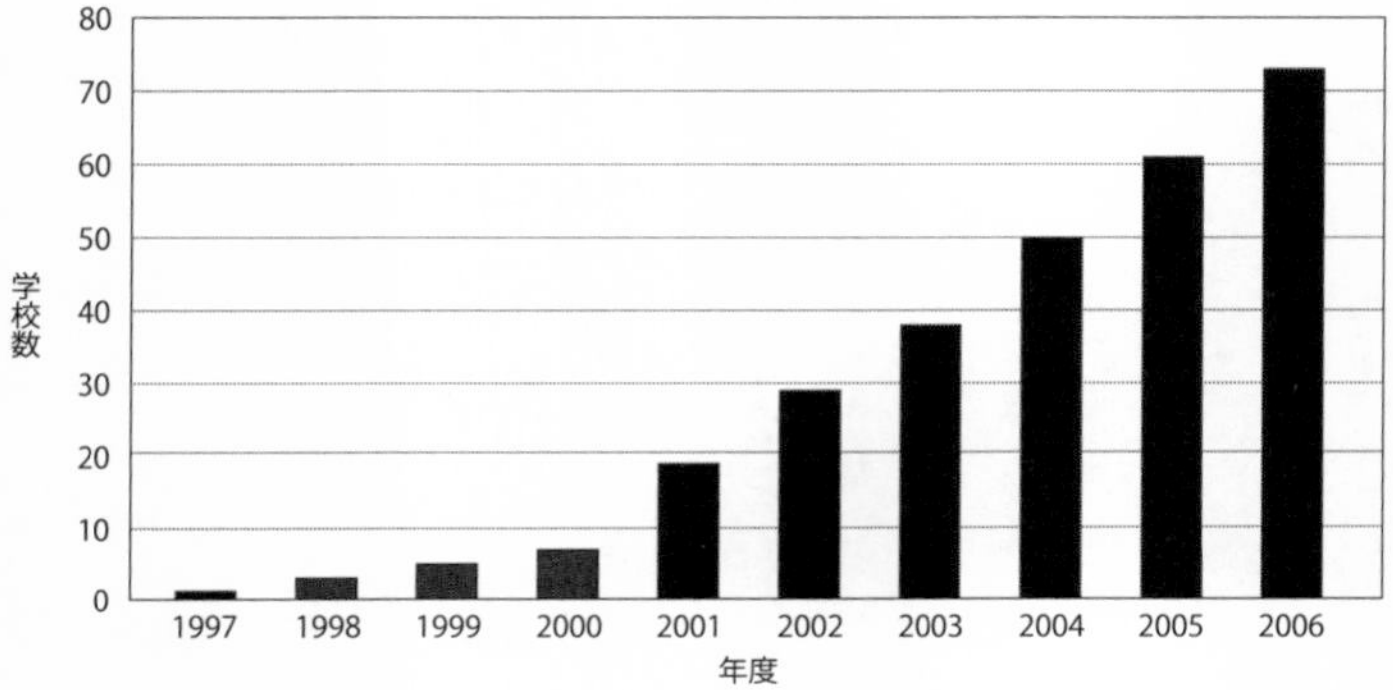

（出典）教育人的資源部（2007a）より作成。

図7-3　無認可オルタナティブ・スクールの学校数の変遷

写真7-2　無認可オルタナティブ・スクールの教室（筆者撮影）

表7-1　無認可オルタナティブ・スクールの教育目的

教育目的	多文化家庭の子どもの支援	脱北者の子どもの支援	宗教・宗派教育	国際教育	未婚の母の支援	不適応児童・生徒の支援	一般的なオルタナティブ教育	合計
学校数	11 (6.5%)	6 (3.5%)	27 (15.9%)	6 (3.5%)	5 (2.9%)	83 (48.8%)	32 (18.8%)	170 (100.0%)
児童・生徒数	299 (4.4%)	148 (2.2%)	2,471 (36.5%)	319 (4.7%)	9 (0.1%)	2,248 (33.2%)	1,268 (18.8%)	6,762 (100.0%)

注：「一般的なオルタナティブ教育」は人格教育、人文教育、特技・適性啓発教育、全人教育、自己啓発教育などを指す。
（出典）教育部（2014: 5）より作成。

校・高校を追い抜いていった。二〇〇六年時点で特性化中学校・高校は計二八校、生徒数は二四七八名であったのに対し（教育人的資源部二〇〇七a：七二–七六）、同年の無認可オルタナティブ・スクールは政府が把握できただけでも七一校、児童・生徒数は二六〇二名であった（教育人的資源部 二〇〇七b：九）。

表7–1は二〇一四年に政府の調査に応じた無認可オルタナティブ・スクール一七〇校の教育目的である。一九九〇年代にみられた全人教育等の一般的なオルタナティブ教育や学校不適応児童・生徒の支援といった教育目的だけでなく、保護者の両方またはいずれかが外国にルーツを持つ家庭（韓国では「多文化家庭（다문화가정）」と呼ばれる）の子どもに対する支援、未婚の母に対する支援、脱北者の子どもに対する支援、国際教育など多様な教育目的が存在していることがわかる。

注目すべきは宗教・宗派教育を目的とする無認可オルタナティブ・スクールであり、学校数はさほど多くないものの、児童・生徒数では最も多くの割合を占めている。その背景として、韓国が東アジアでも指折りのキリスト教大国であることを指摘できる。二〇二二年時点で韓国人の約半数が特定の宗教を信仰しているが、このうち実に半数以上がキリスト教（プロテスタントやカトリック）を信仰している。しかしながら、韓国では政教分離の原則が強く、学校教育のなかに宗教・宗派教育を持ち込むことに強い忌避感があると言われる。さらに、中学校無試験進学制度や高校「平準化」の存在によって、宗教系の私立中学校・高校であっても宗教・宗派教育を色濃く打ち出すことが難しい。こうした状況が、宗教・宗派教育のニーズを「普通の学校」の外側に向かわせる要因となっている。

違法な存在である無認可オルタナティブ・スクールの急増に政府や地方自治体は危機感を募らせていった。そこで無認可オルタナティブ・スクールに対し時に強硬な取り締まりをおこなう一方で、二〇〇八年に正規学校よりは規制が緩やかな各種学校として「代案学校（各種学校）」という新しい種類の学校をつくり、無認可オルタナティブ・スクールの一部を再び公教育へ取り込む動きをみせた。ただし、無認可オルタナティブ・スクールのなかには教育行政当局のこうした動きに対する警戒や疑問の声も強く、代案学校（各種学校）は当初の期待ほどには増えなかった。

二〇二二年時点でオルタナティブ教育を目的とする特性化中学校は一九校（公立五校、私立一四校）、同じく特性化高校は二五校（公立五校、私立二〇校）、代案学校（各種学校）は五〇校（公立二二校、私立二八校）となっている（教育部 二〇二二）。これに対して無認可オルタナティブ・スクールは二〇一九年時点で少なくとも六三九校存在することが明らかになっており、学校数だけでみればオルタナティブ・スクールの九割近くは依然として無認可オルタナティブ・スクールなのである。しかも無認可オルタナティブ・スクール六三九校のうち約三分の一にあたる二三〇校ほどはキリスト教系の学校と推定されている（『国民日報』二〇二一年二月二日）。宗教・宗派教育に対するニーズの多くは、現在も主に公教育の外側で満たされていることがわかる。

なお近年は、オルタナティブ教育に対する国民のニーズを認め、一定の条件を満たす無認可オルタナティブ・スクールを自治体に登録することで公的な支援と管理統制の対象にしようとする動きが出てきた。それを具現化したのが、二〇二二年に登場した「登録代案教育機関」制度である。登録代案教育機関になれば無認可オルタナティブ・スクールであっても一定の行政的・財政的支援を受けられるようになる。在籍する児童・生徒も一律に就学猶予扱いとなるため、保護者も就学義務違反に問われなくなる。また、学校閉鎖等の事態が生じた際には児童・生徒の学習権保護のための措置を取ることが法的に義務づけられたり、これまで不問とされてきた教員の資格も正規学校よりも緩やかながら定められた。学歴要件を満たしても教員に性犯罪歴がある場合は不適格となるし、教員による児童・生徒への虐待行為を防止する措置も義務づけられた。こうした動きは、無認可オルタナティブ・スクールの教育の質保証や子どもの人権・学習権保護の点で評価できる。ただし代案学校（各種学校）が登場した際と同様に、無認可オルタナティブ・スクールのなかには教育行政当局が自分たちを制度内に取り込もうとする動きに対する警戒や疑問の声も存在しており（ソウル特別市教育庁教育研究情報院二〇二二：六八）、今後この制度がどれくらい普及するか現時点でははっきりしない。

学校に通わず学ぶ子どもたち――ホームスクーリングの胎動

さらに近年、正規の学校はもちろん無認可オルタナティブ・スクールにも通わず、子どもを自宅で学ばせる「ホームスクーリング」を選択する家庭も増えつつある。その理由は、宗教・宗派教育や国際教育を受けさせるためであったり、入試中心・学業成績中心の競争的な教育を避けるため、子どもの個性や才能、障害、興味関心に応じた教育を受けさせるため、子どもがしたい勉強や活動の時間をつくるため、さらにはいじめなどから子どもを守るためなど、多様であり、複数の理由が混在している場合もある。無認可オルタナティブ・スクールと同様に義務教育段階でのホームスクーリングも厳密には違法である。このためホームスクーリングに関する公的な統計は存在しないが、その数は増加傾向にあるといわれ、二〇一六年時点で六〇〇家庭あまりがホームスクーリングをおこなっていると推定されている（ユク・クォンイン／ペク・イルウ 二〇一六：六一）。

なお、コロナ禍以降については、アメリカのオンライン・スクールを利用したホームスクーリングに対する関心が高まっているといわれる。コロナ禍で海外留学・研修がストップするなか、これまで海外留学・研修の斡旋・コンサルタントをおこなってきた業者がアメリカ等のオンライン・スクールの斡旋・コンサルタント業務に乗り出したことも影響しているとみられる。オンライン・スクールはアメリカの協会等から認証を受けた正規課程の教育プログラムを履修するもので、高校課程を修了すればアメリカ等の大学への進学資格も得られる。また、ウェブ会議システムや動画によってリアルタイム・双方向的に受講することができ、現地のメンターや韓国のコンサルタント業者の学習支援も受けられるので、市販の印刷教材を用いて独学するような従来のホームスクーリングに比べ保護者の負担が少なくて済む。さらに、韓国国内のインターナショナル・スクールに通わせる場合と比べ一〇分の一程度の費用で済むという「コスパ」のよさを強調する業者もいる。

オンライン・スクールを利用しているホームスクーラーの数は不明であるし、今後どの程度普及するのかも予測がむずかしい。しかし「普通の学校」では満たせなかった学びのニーズが、ＩＣＴの発展とグローバル化の進展、そしてコロナ禍による教育プログラムの急速なオンライン・デジタル化によって、もはやオルタナティブ・スクールのような学校という形態すら必要とせず、私的・個人的に充足できる時代がすぐそこまできているのかもしれない。

どこまで学びの多様性や個別的ニーズを認めるのか？

以上のように、オルタナティブな教育の進展によって、「普通の学校」では満たされなかった子どもたちの学びのニーズが徐々に充足されるようになってきている。その一方でこうした状況は、韓国社会にどこまで子どもの学びの多様性や個別的ニーズを認めるのかという課題を突き付けてもいる。

まず、義務教育段階において子どもを正規の学校に通わせないことは韓国国内では違法であり、法治国家としてどこまで無認可オルタナティブ・スクールやホームスクーリングを認めるのかという問題がある。なかでも国際教育を目的とする一部の無認可オルタナティブ・スクールは高額な学費を取って海外留学準備教育をおこなっているといわれ、こうした違法な学校に一部の裕福な家庭の子どもだけが通える状況を許した場合、社会の分断につながるという声もある（『聯合ニュース』二〇一四年八月二〇日）。また、無認可オルタナティブ・スクールやホームスクーリングを無制限に認めた場合、既存の公教育が果たしてきた共通の知識・価値観の伝授による国民統合や社会統合の効果が弱まるという点で、やはり社会の分断につながる可能性がある。さらに二〇二二年、ホームスクーリングを理由に学校を欠席していた小学生が親からの虐待で死亡するという衝撃的な事件が起きたことで、教師や他の大人の目が届きにくいホームスクーリングが児童虐待の隠れ蓑になるのではと危惧する声も出てきている（『ハンギョレ』二〇二三年二月一五日）。

4　大人の学びを保障する

生涯学習の機会

生涯学習あるいは社会教育機関と聞くと、日本では何を思い浮かべるだろうか。公民館、生涯学習センター、図書館、博物館、美術館などがまず浮かぶかもしれない。韓国でも、これらに類似する機関が整備されており、地域住民の学習機会の充実が取り組まれている。

韓国の生涯学習の歴史を簡単に振り返っておくと、一九八〇年改正の憲法に生涯教育振興に対する国家の義務が明文化されたことは、第1章第5節で触れたとおりである。その二年後に制定された「社会教育法」を全面的に改正する形で、一九九九年に「生涯教育法」（韓国語では「平生教育法」）が制定された。「五・三一教育改革案」で示された「開かれた教育社会、生涯教育社会」の実現に向けて、社会教育の概念を拡大させる形で生涯学習社会の基盤を造成すべく定められたのが、同法であった。

「生涯教育法」が定める主な生涯学習施設にはさまざまなものがあるが、ここでは地域住民により近い存在である生涯学習館に焦点を当ててみたい。生涯学習館は、基礎自治体にあたる市や郡、区に設置される生涯学習施設で、地域住民を対象とする生涯学習プログラムの開発・運営や生涯学習に関する相談、情報提供などをおこなっている。また、生涯学習関連の業務の従事者に対する教育・訓練の機能も担っている。

生涯学習館では、どのようなプログラムが提供されているのだろうか。ソウル市城北区の生涯学習館を例にみてみよう。ソウル市の東北部に位置する城北区生涯学習館では、上半期（三～六月）と下半期（九～一二月）の二期に分けてプログラムを運営しているほか、夏季特別講習など、特別プログラムを随時に提供している。二〇二三年度下半期に予定されているプログラムは、「多様な技法で描くアーバンスケッチ（深化）」「一汗一汗手製のＤＩＹ」「秋、日常を旅のように盛り込んで、写真家に挑戦！」「純粋な私たちの絵、民話（中級）」「個性ある文字、カリグラフィ」「初めて描く私たちの絵、民話（初級）」「パターンアート、ゼンタングル」「木、その暖かさに会う時間：ウッドカービング」「(easy) 生活英語」「シルバー体操体育指導士（二級）」「初等創意数学指導士課程（二級）」など、二四の講座が準備されている。いわゆる趣味・教養に分類される内容が多いが、資格課程など、なかには仕事に結びつく可能性のあるプログラムも開講されている。週一回で二～三か月のプログラムが多く、最も高額なものでも三万ウォン（約三〇〇〇円）である。二〇二二年現在、生涯学習館は全国の五二三か所に設置されている。

生涯学習館に類似する機関として、生涯学習センターがある。生涯学習館と同様に、地域住民に生涯学習プログラムを提供する機関であるが、市などよりも下部の行政区域である邑や面、洞を単位に置かれる機関であるため、生涯学習館よりは小規模な機関が多い。そのほか、住民自治センターも忘れてはならない。住民自治センターは「地方自治法」に基づき設置される住民自治組織の活動基盤となるコミュニティセンターであるが、趣味教養をはじめとする各種学習プログラムの運営の場となっており、政府の白書でも生涯学習機関の一種として数えられている。

以上のいずれの学習機関でも、開設されているプログラムの多くは趣味・教養に関するものである。しかし、近年韓国政府は、生涯学習政策において職業教育・訓練の充実を重点的に進めている。その背景には何があるのだろうか。

成人の職業教育・訓練

韓国のベビーブーマーは、朝鮮戦争後の一九五五年から一九六三年に生まれた世代である。二〇二三年現在は、これら韓国の高度経済成長を支えてきた人々の多くが定年を迎えた状況にあるわけだが、その後の生活は非常に心許ない。というのも、韓国の年金制度は整備されてまだ日が浅く、わずかな金額しか受給できない人々がほとんどだからである。それゆえ、ベビーブーマーの多くは生活のために新たな職を探さなければならない。国内雇用問題の課題のひとつは、まずこれら大量の退職者を再就職に結びつけるための職業教育・訓練の機会を整備することである。一方、若者の雇用もとても楽観視できる状況にない。全失業者のうち三一％を一五～二九歳が占めており（二〇二一年現在）、若者の失業率の相対的な高さが指摘されている。若者の雇用の不安定は少子化の一因とも指摘されており、若者の雇用環境の改善は喫緊の課題である。

一九六七年制定の「職業訓練法」に端を発する職業教育・訓練に関して定める法律は、何度かの改正や統合を繰り返し、二〇二一年から「国民生涯職業能力開発法」である。直近の「勤労者職業能力開発法」からの名称の変化からもわかるとおり、職業能力開発の対象が「勤労者」から「国民」に拡大されたことが同法の肝である。すべての国民が生涯にわたって職務遂行能力を開発できるよう支援し、国民の雇用の促進や安定を図ることを目的としている。その背景に、上述のような若年層から高齢者にいたるまで幅広い層での雇用創出の問題があるのは間違いないだろう。若者などの失業率が高い一因として職業と就労希望者間のミスマッチが指摘されており、そうしたギャップの縮小も政府が重視するところのものである。

韓国の雇用労働部は成人向けの職業教育・訓練の対象を「中途脱落者、非進学青少年」「未就業者（青年失業者）、非経済活動者（女性、高齢者等）」「勤労者」「失業者」の大きく四つに分けている。勤労者は再就職（転職）のための教育・訓練、中途脱落者（学校中退者など）や非進学青少年は技能士養成の教育・訓練など、それぞれのニーズに応じた支援がおこなわれているが、非就業者も対象を細かく分類して支援しているところに特徴がある。教育・訓練が提供される場所には、韓国ポリテク大学、韓国技術教育大学校、韓国障害者公団関連施設、中央省庁・地方自治体関連施設などの公的機関・施設、そして指定職業訓練施設、事業主団体関連施設などの民間機関・施設などがある。韓国ポリテク大学は、雇用労働部所管の二年制の教育機関で、日本の職業能力開発短期大学校に類似する。韓国技術教育大学校も雇用労働部所管の四年制教育機関であるが、学校法人が運営する私立機関であり、いわば公設民営の職業大学校である。しかし、こうした高等教育段階の教育機関や国・自治体設置の機関・施設は全国に限られた数しかなく、量的に圧倒的に多いのは民間機関・施設である。さまざまな機関・施設が参入しているがゆえに、それらの教育・訓練の質保証が重要となる。職業教育・訓練機関・施設の質保証の仕組みとして教育・訓練機関の認証評価制度が整備されており、認証を受けた機関は政府の事業に参加することができる。

また近年、政府が注力しているのが新しい産業分野の人材育成である。目まぐるしく登場する新技術に通じる人材を育成するには、公教育では機動的に対応することはやや困難であろう。その点、生涯学習形態の教育・訓練であれば、民間企業の協力などのもと、カリキュラム開発や運営も柔軟に対応できる。その代表的な取り組みのひとつが「産業に合わせた短期職務能力認証課程」、通称「Match業」である。二〇一七年から取り組まれているMatch業は、新産業に関わる職務知識や能力をオンラインで短期間に習得することを骨子とするもので、教育課程履修証や職務能力認証書を取得でき、「韓国型Nano Degree」事業としても位置づけられている。各分野の代表的な企業と大学、研究所、人材育成企業などが協力・連携し、カリキュラムの開発・運営に携わっている。二〇二二年現在、ドローン、仮想・拡張現実、ビッグデータ、新エネルギー、AI自動車、スマート・ファーム、新エネルギー自動車、DNA、医療メタバース、AI農場、クラウドの一一分野の教育課程が開発・運営されている。受講者数は年々増加しており、二〇二二年までに累積で約九万九〇〇〇人が受講した。

高度専門職業人の養成

すでに示したように、大学（教育部所管の大学以外も含む）は成人の継続教育あるいはリカレント教育を担う重要な教育機関のひとつとして位置づけられている。そしてその大学の学部の上位段階、すなわち大学院も成人の教育を担う重要な教育機関である。韓国には三種類の大学院があることは第5章でみたとおりだが、そのうちのひとつ、特殊大学院は、社会人もしくは成人のための継続教育を主な目的とする大学院である。社会人の継続教育という文脈で実践的な理論と実務に関する教育を提供している。修士課程のみ開設可能で、専門学位を授与する。社会人が履修しやすいよう、夜間や季節制で開講される授業が多い。二〇二二年現在、全国に特殊大学院は七九五校（国立一四八校、公立六校、私立六四一校）設置されている。一般大学院、専門大学院を含めた全大学院数は一一六七校であるので、実に大学院全体の七割を特殊大学院が占めていることになる。日本と比べて韓国の大学院の規模の大きさがしばしば取り上げられるが、それは特殊大学院の存在に依るところが大きい。

特殊大学院においては、各分野に関わる大学院が細分化されて開設されている。それはさながら、近年の日本や韓国で設置が盛んな非伝統的な名称の学部をみるかのようである。しかしよくみると、一部の大学院は専門大学に開設されている学科のように、特定の職業分野に特化したような大学院があるのも特徴である（専門大学については第5章を参照）。たとえば、「グローバル」を冠したものをざっとみただけでも、グローバルゴルフ大学院、グローバル大学院、グローバル物流大学院、グローバル保険年金大学院、グローバルビジネス大学院、グローバル水産大学院、グローバル外食調理大学院、グローバル融合大学院、グローバル人材資源開発大学院、グローバル政策大学院、グローバル製薬臨床大学院、グローバル創業大学院、グローバル創業ベンチャー大学院、グローバル協力大学院、などがある。特殊大学院のうち、最も多く設置されているのは教育大学院で、二〇二二年現在一〇九校である（教育大学院については第6章を参照）。ちなみに、グローバルゴルフ大学院は、釜山外国語大学に設置されており、ゴルフ産業やゴルフトレーニングに関する専門家の養成を目的としている。

各分野で細分化された大学院が設置されていると述べたが、ひとつの特殊大学院がさらに複数の学科を開設しているのも一般的である。特殊大学院に開設されている学科の設置状況をみると社会系列と教育系列の割合が大きいが、ビジネスや経営に一定の需要があることを考えれば頷ける。また教育系列は、第6章第5節で言及されたとおり、教育大学院の存在が大きい。韓国の現職教員のキャリアパスのひとつとして、教育大学院はしっかり根付いているようである。

コラム

私教育
——韓国教育の最大の敵？

私教育とは、いわゆる塾やお稽古など公教育外におこなわれるプライベートな教育を指す。韓国の教育政策は、この私教育とのイタチごっこといっても過言ではない。特に学校教育段階においては、学校外教育を受けさせるために家計から負担される「私教育費」をいかに軽減できるかが争点とされ、歴代の大統領も公約として掲げるほどである。

教育部がおこなっている「私教育費統計調査」は、韓国の小学校から高校までの学校外教育費の実態を調査するものであるが、二〇二二年度の調査によれば、その総額は、二六兆ウォンであった。何らかの私教育を受けていると回答した児童・生徒は、全体の七八・三％に上り、週当たりの時間は平均七・二時間、月当たりの所要額は平均五二・四万ウォンであった。これらの数値は統計がとられ始めた二〇〇八年以降、最高値となっており、私教育は政策の割に結果が出ていない分野のひとつである。

ニュータウン開発の際、塾を誘致することはよくあることで、新しい街にも必ず「塾ビル」が存在する。塾ビルには個人経営の塾がひしめきあっているが、競争が生じないのか不思議に思って聞いたところ、塾をはしごする子どもにとってはこのようにいくつもの塾が集まっているほうが効率がよいそうだ。

学校外教育費問題と深く関連するのは入試制度のあり方で、入試改革のたびに学校外教育費の軽減が直・間接的に意図されてきた。中学校無試験進学制（一九六九年）、高等学校平準化（一九七四年）、大学卒業定員制（一九八〇年）、それ以降の大学入試制度改革と、各学校段階の

放課後、子どもを送迎する習い事のバス（編著者撮影）

受験競争の過熱化を解消するため、入試を撤廃したり、入試の評価方法を変更したりしてきた。

なかでも一九八〇年に打ち出された「課外禁止措置」は直接的なものであった。一九八〇年七月三〇日、政府は過熱する受験競争を解消すべく「教育正常化及び過熱課外解消対策」（七・三〇教育改革措置）を発表し、一九八〇年八月一日から学校に籍を置く児童・生徒に対する課外（塾や予備校での教習や家庭教師による教習を含む）が全面的に禁止されたのである。二〇〇〇年四月二七日には、憲法裁判所で課外教習を禁止してきた条項及び罰則規定が憲法違反に当たると審判されたことにより、学校外教育は再び過熱している。特にオンラインの塾が盛況で、政府がいくら規制しても、教育熱が冷める気配はない。

参考文献・資料

第1章　韓国教育の歴史と伝統

――日本語

阿部洋（二〇〇四）『韓国の戦後教育改革』龍渓書舎

李成茂著、平木實・中村葉子訳（二〇〇八）『韓国の科挙制度：新羅・高麗・朝鮮時代の科挙』日本評論社

馬越徹（一九八一）『現代韓国教育研究』高麗書林

馬越徹（一九九〇）「学校教育の質的転換に向けて」『比較教育学研究』第一六巻、一五二―一六一頁

馬越徹（一九九五）『韓国近代大学の成立と展開：大学モデルの伝播研究』名古屋大学出版会

松本麻人（二〇二三）『韓国のキリスト教主義高等教育機関の形成：教育統制下における「協調」戦略』東信堂

尹秀一（一九九二）「韓国伝統社会における教育制度」『言語文化研究』第一六巻、五三―六八頁

――韓国語

アン・ギョンシク（二〇〇九）「韓国戦争期臨時首都釜山地域の避難学校研究：中等学校を中心に」『教育思想研究』第二三巻第三号、三一五―三五〇頁

大韓民国経済企画院『韓国統計年鑑』各年度版

教育部（二〇〇〇）『２０００要約教育統計』

文教部『教育統計年報』各年度版

――その他

ＯＥＣＤ（二〇二一）*Education at Glance 2021: OECD Indicators*, OECD Publishing.

ＯＥＣＤ（二〇二二）*Education at Glance 2022: OECD Indicators*, OECD Publishing.

ＯＥＣＤ（二〇二三）*Education at Glance 2023: OECD Indicators*, OECD Publishing.

第2章　教育行政制度

――日本語

朝日新聞デジタル「難しすぎる『キラー問題』排除へ受験競争加熱の韓国、政府が対策」二〇二三年六月二六日付〈https://www.asahi.com/articles/ASR6V6DWGR6VUHBI01R.html〉

グレゴリー・ヘンダーソン（一九九七）『朝鮮の政治社会：朝鮮現代史を比較政治学的に初解〈渦巻型構造の分析〉』サイマル出版会

KBS WORLD JAPANESE「大統領室『国民請願掲示板』廃止し『国民提案』開設」二〇二二年六月二四日付〈http://world.kbs.co.kr/service/news_view.htm?lang=j&Seq_Code=82599〉（二〇二四年二月一日アクセス）

小島優生（二〇二一）「生活指導の法化と外部委員の専門性:韓国の『学校暴力対策法』に焦点を当てて」スクール・コンプライアンス学会『スクール・コンプライアンス研究』九号、六‐一五頁

小島優生（二〇一八）「韓国における自律的学校経営政策の展開（2）―校長と保護者委員の認識に着目して―」獨協大学国際教養学部紀要「マテシス・ウニウェルサリス」一九巻二号、一五三‐一六九頁

小島優生（二〇一七）「韓国における『学校の自律的経営』政策の展開（1）―学校運営委員会の導入経緯―」獨協大学国際教養学部紀要『マテシス・ウニウェルサリス』一九巻一号、一‐四〇頁

小島優生（二〇一四）「少年少女家長世帯で育つ子どもたち」平田由紀江・小島優生編『韓国家族：グローバル化と伝統文化のせめぎ合いの中で』一〇六～一七六頁、亜紀書房

清水敏行（二〇〇五）「韓国の政治と市民運動」小此木政夫編『韓国における市民意識の動態』慶應義塾大学出版会、七七‐一〇六頁

総合ニュース「小中高生の塾通い再び活発に　二二年の私教育費が過去最大＝韓国」二〇二三年三月七日付〈https://jp.yna.co.kr/view/AJP20230307002900882〉（二〇二四年二月一日アクセス）

陳英宰（二〇〇五）「韓国人の理念的性向分析（２００２‐２００４）」小此木政夫編『韓国における市民意識の動態』慶應義塾大学出版会、三‐二〇頁

東亜日報「韓国中高生一人の公教育費がＯＥＣＤ二位、大学生は三〇位の『下位圏』」二〇二二年一〇月四日付〈https://

www.donga.com/jp/article/all/20221004/3676255/1〉（二〇二四年二月一日アクセス）
HANKYOREH「韓国、『満五歳の早期就学』拙速な推進……社会全方向加から『反対』の声」二〇二二年八月一日付〈https://japan.hani.co.kr/arti/politics/44168.html〉（二〇二四年二月一日アクセス）
文部科学省（二〇一四）『諸外国の教育行財政：7カ国と日本の比較』ジアース教育新社
文部科学省（二〇二三）『諸外国の教育動向２０２２年度版』明石書店
REUTERS「韓国が『子供幸福度』最下位、受験ストレスなど影響＝先進国調査」〈https://jp.reuters.com/article/idUSKBN0IP090/〉（二〇二四年二月一日アクセス）

——韓国語
ヨ・ユジン（二〇一七）「子どもの貧困の推移と含意」韓国保健社会研究院『保健福祉ISSUE and FOCUS』三三八号、一-八頁

第3章　就学前から高校までの教育

——日本語
石川裕之（二〇一四）「韓国における国家カリキュラムの革新とグローバル化」『教育学研究』第八一巻第二号、二一四-二二六頁
石川裕之（二〇一七）「韓国における国家カリキュラムの構成と教育目的—初等教育段階に注目して—」『畿央大学紀要』第一四巻第一号、一九-二六頁
石川裕之（二〇二〇）「韓国の公教育制度と学校の自律性—教育の卓越性や多様性をどこで、どのように追求するか—」『比較教育学研究』第六一号、九-二七頁
馬越徹（一九八一）『現代韓国教育研究』高麗書林
厳アルム（二〇二〇）「韓国の革新学校政策の成立と影響」『東アジア教育』第九号、二九-四五頁
教科書研究センター「大韓民国」〈https://textbook-rc.or.jp/wp-content/uploads/2022/11/526b92eec7c715eb4de24f0e29e2a8e9.pdf〉（二〇二三年九月一日アクセス）

杉本均（二〇二一）「就学前教育・保育改革の比較教育学的考察―（1）ガバナンス一元化の問題―」『佛教大学教育学部学会紀要』第二一号、一一七―一二八頁
蘇珍伊（二〇二〇）「韓国における無償保育政策の展開と課題」『現代教育学部紀要』第十二号、二七―四〇頁
田中光晴（二〇二三）「韓国」文部科学省『諸外国の教育動向２０２２年度版』文部科学省総合教育政策局、二五三―三一五頁
西澤俊幸（二〇一六）「韓国の産業連携型『マイスター高校』の挑戦」『現代韓国朝鮮研究』第一六号、五二―六八頁
松本麻人（二〇二一）「韓国の職業能力開発」科学技術振興機構中国総合研究・さくらサイエンスセンター編『日中韓の教育事情に関する国際比較調査』科学技術振興機構中国総合研究・さくらサイエンスセンター、一五一―一五九頁
松本麻人・橋本昭彦（二〇一五）「韓国：就学前教育無償化政策の実施及びその成果と課題」渡邊恵子（研究代表者）『諸外国における就学前教育の無償化制度に関する調査研究』国立教育政策研究所、一一一―一二八頁
文部科学省「諸外国の教科書制度」〈https://www.mext.go.jp/content/20201111-mxt_kyokasyo01-000010983_04.pdf〉（二〇二三年九月一日アクセス）

――韓国語
Edunet〈https://dtbook.edunet.net/〉（二〇二三年八月二九日アクセス）
韓国教育開発院教育統計サービス「教育統計年報２０２２」〈https://kess.kedi.re.kr/index〉（二〇二三年八月一六日アクセス）
『韓国経済』「イム・テフィ京畿教育監〝革新学校の代わりに自律学校へ〟」二〇二二年一二月二〇日付〈https://www.hankyung.com/article/202212208 472i〉（二〇二三年九月二二日アクセス）
韓国民族文化大百科事典ａ「入試制度」〈https://encykorea.aks.ac.kr/Article/E0047797〉（二〇二三年九月二三日アクセス）
韓国民族文化大百科事典ｂ「弘益人間」〈https://encykorea.aks.ac.kr/Article/E0064339〉（二〇二三年八月三一日アクセス）
韓国民族文化大百科事典ｃ「革新学校」〈https://encykorea.aks.ac.kr/Article/E0077895〉（二〇二三年九月二二日アクセス）
教育部（二〇一五）『初等学校教育課程（別冊２）』教育部
教育部（二〇二〇）『幸福な教育』第四五三号、教育部
教育部（二〇二三）『幸福な教育』第四八八号、教育部

教育部・韓国教育開発院（二〇二二a）『２０２２年 整理された教育統計』韓国教育開発院
教育部・韓国教育開発院（二〇二二b）『ＯＥＣＤ教育指標２０２２』韓国教育開発院
国家指標体系「幼児就園率」〈https://www.index.go.kr/unify/idx-info.do?idxCd=8023〉（二〇二三年八月一六日アクセス）
『朝鮮エデュ』「10年過ぎて事実上『モデル事業』デジタル教科書、再び活性化するというが……」二〇一九年七月八日付〈https://edu.chosun.com/site/data/html_dir/2019/07/08/2019070800794.html〉（二〇二三年九月一日アクセス）
『電子新聞』「デジタル教科書利用急増…コンテンツ補強は宿題」二〇二〇年八月二日付〈https://www.etnews.com/20200731000301〉（二〇二三年九月一日アクセス）
特性化高・マイスター高ポータルＨＩＦＩＶＥ〈http://www.hifive.go.kr/〉（二〇二三年九月一九日アクセス）
『ハンギョレ』「公教育外の『キラー問題』が私教育の根本原因……党・政府修能出題を排除」二〇二三年六月一九日付〈https://www.hani.co.kr/arti/politics/politics_general/1096518.html〉（二〇二三年九月二三日アクセス）
ヤン・ヨンフィ（二〇二三）「革新学校教育課程の批判的考察を通じた国語科支援法案」『ウリマルグル』第九六集、一三一－一六三頁
『聯合ニュース』「職業系高卒業生今年就業率五八％…二年連続上昇」二〇二二年一〇月二六日付〈https://www.yna.co.kr/view/AKR20221026066300530〉（二〇二三年九月一日アクセス）
『聯合ニュース』「２０２５年から数学・英語・情報科目にＡＩデジタル教科書使う」二〇二三年六月八日付〈https://www.yna.co.kr/view/AKR20230608087600530〉（二〇二三年九月一日アクセス）

第４章　学校生活・文化

——日本語
上野淳（一九九九）『未来の学校建築』岩波書店
国立青少年教育振興機構（二〇二一）「高校生の社会参加に関する意識調査報告書―日本・米国・中国・韓国の比較―」
小島優生（二〇二一）「韓国における学校暴力判例の争点―学校暴力予防法制定後の変化を中心に―」『獨協法学』一一四号、七五－一〇三頁

子どもの権利条約総合研究所（二〇二三）「子どもの権利に関する総合条例一覧」〈http://npocrc.org/wp-content/uploads/2023/05/jorei2305.pdf〉（二〇二三年九月二四日アクセス）
田中光晴（二〇一〇）「韓国における『放課後学校』の現状と課題」『国際教育文化研究』第一〇巻、三七-四八頁
出羽孝行（二〇一一）「韓国における学校掃除─現状とその教育的意義について─」比較教育風俗研究会『研究談叢　比較教育風俗』第一二号、五一-七二頁
出羽孝行（二〇一三）「韓国における学校給食指導の実態─中学校教員への聞き取りを中心として─」『龍谷大学論集』第四八一号、二六-四五頁
出羽孝行（二〇一四）「韓国・京畿道児童生徒人権条例の成立過程に関する一考察」『比較教育学研究』第四八号、二四-四五頁
出羽孝行（二〇一五）「京畿道児童生徒人権条例制定後の学校の変化に関する研究─韓国・京畿道の教師の調査を通じて─」『学校教育研究』第三〇号、八〇-九二頁
日本財団（二〇一九）「18歳意識調査　第20回テーマ：国や社会に対する意識（9カ国調査）」〈https://www.nippon-foundation.or.jp/who/news/pr/2019/20191130-38555.html〉（二〇二三年九月二三日アクセス）
松本麻人（二〇一三）「韓国におけるいじめ対策─政府の取組の特徴と課題─」『比較教育学研究』第四七号、五一-六二頁
文部科学省初等中等教育局児童生徒課（二〇二三）「令和四年度　児童生徒の問題行動・教育開発センター長不登校生徒指導上の諸課題に関する調査結果について」
羅妍智・鈴木崇之（二〇二一）「韓国における学校暴力予防・対策法制の展開と現状─『学校暴力予防および対策に関する法律』の2012年改定から2021年改定までの期間を対象として─」『ライフデザイン学研究』第一七号、二二三-二五七頁
李定玟（二〇二一）「韓国の学校暴力予防法の改正をめぐって（特集：学校教育活動の「法化」現象に関する東アジア比較研究」獨協大学国際教養学部『マテシス・ウニウェルサリス』第二二号第二号、三八-五六頁
──韓国語
李サンミン／李ヒョンジュ（二〇二一）『学校空間革新の教育効果分析』韓国教育開発院
教育部（二〇二二）「報道資料　2022年1次学校暴力実態調査結果発表」

教育部（二〇二三）「報道資料　学校暴力転校記録4年まで保存、大学入試随時試験にも反映」
教育部・韓国教育開発院（二〇二一）『高校学点制　学校空間醸成運営案内書　2021・02』
教育部・韓国教育開発院（二〇二二）『2022教育統計分析資料集―幼・初・中等統計編―』
教育部グリーンスマート未来学校実務推進団（二〇二一）「グリーンスマート未来学校総合推進計画［案］　2021・2」
教育部未来教育体制転換実務推進団韓国教育施設安全院グリーンスマート未来学校支援センター（二〇二二）「皆で共につくっていく教育企画参考資料」
教育部・梨花女子大学校暴力予防研究所（二〇二三）『学校暴力事業処理ガイドブック』
京畿道教育庁民主市民教育課（二〇二二）「2022児童・生徒自治活動施行計画」
『週刊時事IN』「406件の判決文から見た『裁判所に争われた学校暴力』」（二〇二三年四月一日号、通巻八一一号）
『週刊京郷』「児童生徒人権条例にまとわりつく〝嫌悪〟の火の粉」（二〇二三年六月五日号〈https://weekly.khan.co.kr/khnm.html?mode=view&code=115&art_id=202305261100571〉（二〇二三年九月二四日アクセス）
シム・ヒョンギ（二〇二三）「放課後学校参加率、及び私教育費推移の探索」『月刊　教育政策フォーラム』二〇二三年二月号（通巻三五六号）〈https://edpolicy.kedi.re.kr/frt/webzine/selectWebzineList1.do?strCurMenuId=25&nTbWebzineSeq=2172〉（二〇二三年九月二二日アクセス）
ソ・イェシク／李スンゴン／李ジンファ他（二〇二〇）『学校空間改善ソリューション：幸せな学校を造る空間革新』ヘネムエデュ
ソウル特別市教育庁・ソウル特別市（二〇二二）『ソウル教育空間デザイン革新事業白書　学校、やさしい夢を込める』
統計庁（二〇二三）「報道資料　2022年　小中高校生の私教育費調査結果」
朴ソンチョル（二〇二二）「学習者のための空間再構成化」ソン・スンジェ／金ウンミ／朴ソンチョル／ソン・ギョンフン『未来学校、空間と文化を創る』教育と実践、一六九―二二六頁
ハン・ソンウン（二〇二〇）『空間共感フォーラム』C-program
ハン・ウンソク／ハ・ボンウン（二〇一四）「政策擁護連合模型（Advocacy Coalition Framework）を適用した京畿道無償給食政策形成過程分析」『教育政治学研究』第二一集第二号、一五九―一八五頁

許ジュヨン／ユ・ミスク（二〇一九）「児童青少年の登校拒否研究動向」韓国発達支援学会『発達支援研究』八三号、四一－五六頁
B高等学校（二〇二三）『2023学年度　学校教育課程編成・運営計画』
C高等学校（二〇二二）『C高等学校　教育課程運営計画書2022』

第5章　高等教育

――日本語
鄭廣姫（二〇一七）「韓国における入学査定官制教育」九州大学基幹教育院次世代型大学教育開発拠点主催フォーラム配布資料
山本以和子（二〇一四）「韓国大学入学者選抜の変容―入学査定官制導入後の展開状況―」『大学入試研究ジャーナル』二四号、一〇五－一一二頁
山本以和子（二〇一六）「多面的・総合的評価入試の判定資料に関する日韓比較調査」『大学入試研究ジャーナル』二六号、一〇五－一一二頁
山本以和子（二〇一七）「韓国の入学査定官制度から見たアドミッションオフィサーと入試研究」『大学入試研究の動向』三四号、八三－八九頁
山本以和子（二〇二一）「多面的・総合的評価選抜の展開と課題―韓国における評価の公正性強化策について―」『大学入試研究ジャーナル』三一号、六九－七六頁
山本以和子（二〇二一）「韓国の大学入試制度の状況と課題―今後の日本の大学入試制度施策に向けた考察―」『多面的・総合的な評価に基づく大学入学者選抜に関する海外調査報告書』大学入試センター、二九－四七頁
――韓国語
韓国教育課程評価院〈https://www.suneung.re.kr/main.do?s=suneung〉（二〇二三年五月一六日アクセス）
韓国教育放送公社EBSｉサイト〈https://www.ebsi.co.kr/ebs/pot/poti/main.ebs〉（二〇二三年五月一六日アクセス）
韓国雇用情報院（二〇一四）「大学生のための就業教育―進路計画樹立と労働市場の理解―」二〇一四年四月一七日付

〈https://www.korea.kr/common/download.do?tblKey=EDN&fileId=208888〉（二〇二三年四月二五日アクセス）

韓国大学教育協議会（二〇一〇）「〔報道資料〕入学査定官制運用の共通基準」二〇一〇年八月二〇日付〈http://univ.kcue.or.kr/ao/board/AoBoard_view.do?part=pr&selectedId=13917〉（二〇一一年八月一八日アクセス）

韓国大学教育協議会・韓国専門大学教育協議会（二〇二二）入学情報ポータルサイトオディカ〈https://www.adiga.kr/EgovPageLink.do?link=EipMain〉（取得日：二〇二三年三月一六日）

韓国大学教育協議会・韓国専門大学教育協議会（二〇二二）入学情報ポータルサイト・オディカ「二〇二四年度大学入試の特徴」〈https://www.adiga.kr/PageLinkAll.do?link=/kcue/ast/eip/eis/inf/bbs/EipMediaCntntsMngView.do&p_menu_id=PG-EIP-16105&ctgry_se_cd=01&sn=9〉（二〇二三年五月三〇日アクセス）

企画財政部（二〇二〇）「国家職業能力標準（ＮＣＳ）説明資料」〈https://job.alio.go.kr/main.do〉（二〇二三年三月一六日アクセス）

教育部（二〇一九）「大学入試制度公正性強化方案」二〇一九年一一月二八日付〈https://www.moe.go.kr/boardCnts/viewRenew.do?boardID=294&lev=0&statusYN=W&s=moe&m=020402&opType=N&boardSeq=79119〉（二〇二〇年三月九日アクセス）

教育部（二〇二一）「二〇二〇年度高等教育機関卒業者就職統計調査分析資料」二〇二一年一二月二七日付〈https://www.moe.go.kr/boardCnts/viewRenew.do?boardID=294&boardSeq=90188&lev=0&searchType=null&statusYN=W&page=1&s=moe&m=020402&opType=N〉（二〇二三年四月二五日アクセス）

教育部（二〇二二）「二〇二一年 小・中・高校の私教育費調査結果」二〇二二年三月一一日付〈https://www.korea.kr/news/policyBriefingView.do?newsId=156499082〉（二〇二三年二月七日アクセス）

教育部（二〇二三）大韓民国政策ブリーフィング「四年制大学の平均登録料は六七六万三一〇〇ウォン……今年は九七％凍結・引き下げ」二〇二三年四月二九日付〈https://www.korea.kr/news/policyNewsView.do?newsId=148901193〉（二〇二三年四月二九日アクセス）

教育部（二〇二三）「二〇二三学年度大学修学能力試験の細部施行計画」二〇二二年七月四日付〈https://www.moe.go.kr/boardCnts/viewRenew.do?boardID=294&boardSeq=91915&lev=0&searchType=null&statusYN=W&page=1&s=mo

e&m=020402&opType=N〉（二〇二三年六月二〇日アクセス）
国家法令情報センター「高等教育法」二〇二二年一〇月一八日付〈https://www.law.go.kr/〉（二〇二三年二月二三日アクセス）
国家法令情報センター「高等教育法施行令」二〇二三年一月一〇日付〈https://www.law.go.kr/〉（二〇二三年二月二三日アクセス）
国立大学院サイト〈http://www.gradmap.co.kr/index.html〉（二〇二三年四月二〇日アクセス）
専門大学ポータルサイト〈https://www.procollege.kr/web/main/index.do〉（二〇二三年三月二〇日アクセス）
ソウル大学看護学部サイト「二〇二〇年度第二学期学部時間割」〈https://nursing.snu.ac.kr/webdata/uploaded/images/5cfz11eze9az682z34bza53z2adz501z773z457zd1.png〉（二〇二二年二月二二日アクセス）
全羅南道教育庁「二〇二一学年度大学修学能力試験の細部施行計画」二〇二〇年八月二八日付〈https://www.jnedu.kr/news/articleView.html?idxno=32326〉（二〇二三年六月二〇日アクセス）
イ・ジェヒョン（二〇二三）大韓民国政策ブリーフィング「今年から全面廃止される大学入学金」二〇二三年一月五日付〈https://www.korea.kr/news/reporterView.do?newsId=148910034&pWise=sub&pWiseSub=I1〉（二〇二三年六月一二日アクセス）
グッドワークカンパニー（二〇二二）「上半期大企業公式採用カレンダー」〈https://blog.naver.com/goodjob_company/222786801521〉、「下半期大企業公式採用カレンダー」〈https://www.joongbu.ac.kr/board.es?mid=a10504050000&bid=0025&list_no=291597&act=view〉（二〇二三年四月二五日アクセス）
ジョブカード（二〇一八）「九大企業職務適性検査比較分析」二〇一八年八月一〇日付〈https://m.blog.naver.com/PostView.naver?isHttpsRedirect=true&blogId=jobcard&logNo=221336312231〉（二〇二三年四月二五日アクセス）
ソウル経済（二〇二三）「ＳＫＹ理工系はなぜ『仮面浪人のグルメ店』に転落したのか」二〇二三年二月一三日付〈https://n.news.naver.com/article/011/0004155909?sid=110〉（二〇二三年四月二五日アクセス）
成均館大学新聞（二〇二一）「大学サークル活動が重要な理由」二〇二一年一〇月四日付〈http://www.skkuw.com/news/articleView.html?idxno=23058〉（二〇二三年三月一六日アクセス）
朝鮮日報（二〇二二）「高スペックが通じない……大学卒業生は専門大学に『Ｕターン入学』」二〇二二年四月一七日付

〈https://n.news.naver.com/article/023/0003685784?sid=102〉（二〇二三年四月二五日アクセス）

ファイナンシャルニュース（二〇二三）「人文系・新参者はどこへ？……不況で今年上半期の就職『針の穴』がさらに狭くなる」二〇二三年三月七日付〈https://n.news.naver.com/article/014/0004978242?sid=101〉（二〇二三年三月二八日アクセス）

EBSニュース（二〇二三）「就職難で専門学校への『Uターン入学』が急増」二〇二三年一月九日付〈https://news.ebs.co.kr/ebsnews/allView/60302970/N〉（二〇二三年四月二五日アクセス）

——英語

OECD（二〇二二）*Education at a Glance 2022: OECD Indicators*, OECD Publishing.

第6章　教師

——日本語

鄭修娟（二〇二一）「韓国における教員団体の活動と労働基本権をめぐる今日的動向」民主教育研究所『人間と教育』第一一二号、旬報社

松本麻人（二〇二一）「韓国の教員の養成および資質・能力開発」『日中韓の教育事情に関する国際比較調査』中国総合研究・さくらサイエンスセンター、二六二―二七二頁

藤原文雄編著（二〇一八）『世界の学校と教職員の働き方：米・英・仏・独・中・韓との比較から考える日本の教職員の働き方改革』学事出版

——韓国語

韓国教育開発院（二〇二三）『教師の職務遂行はこの10年で変化したか』KEDI Brief, 2023, Vol. 1

『韓国日報』「『教師として何も出来なかった』……10名中3名が精神科に通った」二〇二三年八月一三日付〈https://www.hankookilbo.com/News/Read/A2023081117050002301〉（二〇二三年九月二八日アクセス）

教育プラス「小学校5校中4校、専門相談教師なし」二〇二一年一〇月一日付〈http://www.edpl.co.kr/news/articleView.html?idxno=2801〉（二〇二三年八月二〇日アクセス）

京畿道教育庁（二〇一五）『革新学校、私たちと共に作っていきます。』

京畿道教育庁学校政策課学校政策企画担当（二〇二二）「2022学校内の専門的学習共同体運営計画」
チョン・ジンファ（二〇一六）『教師、学校を変える』シィリムト
『東亜日報』「6年間に100名が極端な選択……小学校教員が57名」二〇二三年七月三一日付〈https://www.donga.com/news/article/all/20230730/120489693/1〉（二〇二三年九月二八日アクセス）
『週刊時事IN』「教室を助けて、これ以上の死の前に」二〇二三年八月八日号、通巻八二九号
『週刊時事IN』「教師が集まった。助けてくれと」二〇二三年九月一九日号、通巻八三五号
パク・サンワン／パク・ソヨン（二〇二二）『1990年代生まれ、教師になる』学而自習

第7章　学びの機会の保障

——日本語
井口啓太郎・田中光晴（二〇二二）「知的障害者の包摂をめざす高等教育機関の実践と課題—日本と韓国における近年の動向から—」『東アジア社会教育研究』編集委員会編『東アジア社会教育研究』二七号、二四〇‒二五六頁
石川裕之（二〇一五）「韓国におけるオルタナティブ教育の展開と近年の動向—公教育との関係性に注目して—」『畿央大学紀要』第一二巻第二号、三七‒五一頁
石川裕之（二〇二〇）「韓国の公教育制度と学校の自律性—教育の卓越性や多様性をどこで、どのように追求するか—」『比較教育学研究』第六一号、九‒二七頁
百本和弘（二〇二二）「韓国の雇用問題、文在寅政権での改善は限定的」ＪＥＴＲＯ地域・分析レポート〈https://www.jetro.go.jp/biz/areareports/2022/2db0bb4e320ae9a8.html〉（二〇二三年八月二〇日アクセス）
文部科学省（二〇一八）『諸外国の生涯学習』明石書店
「E-STAT統計で見る日本」〈https://www.e-stat.go.jp/〉
——韓国語
教育部（二〇一四）「2014年未認可代案教育施設現況調査結果」教育部報道資料
教育部（二〇二二）「2022年代案学校および代案教育特性化中高等学校現況」教育部資料

教育部（二〇二三）「出発線平等のための２０２３年多文化教育支援計画（案）２０２３・２」
教育人的資源部（二〇〇七ａ）『代案教育白書１９９７～２００７』教育人的資源部
教育人的資源部（二〇〇七ｂ）「『代案学校の設立・運営に関する規定』制定・公布」二〇〇七年六月二八日付
教育部・韓国教育開発院（二〇二二ａ）『２０２２教育統計分析資料集――幼・初・中等教育統計編』
教育部・韓国教育開発院（二〇二二ｂ）『教育統計年報２０２２』
教育部・国家生涯教育振興院（二〇二三）『２０２２生涯教育白書』
行政安全部［社会統合支援課］（二〇二二）「２０２１地方自治団体外国人住民現況」
『国民日報』「未認可基督代案学校に『飛び火』：ＩＭ宣教会所属学校集団感染波長」二〇二一年一月二日付〈https://m.kmib.co.kr/view.asp?arcid=0924176672〉（二〇二三年九月二一日アクセス）
国立特殊教育院（二〇二二）『特殊教育統計』
統計庁（二〇二三）「報道資料 ２０２２年 婚姻・離婚統計」
e－ナラ指標〈https://www.index.go.kr/main.do?cate=1〉
ソウル特別市教育庁（二〇二三）「ソウル特別市教育庁代案教育機関現況（２０２３・７・１３基準）」ソウル特別市教育庁資料
ソウル特別市教育庁教育研究情報院（二〇二一）『未認可代案教育施設実態調査および代案教育機関支援方案研究』ソウル特別市教育庁教育研究情報院
『聯合ニュース』「一部代案学校、『貴族学校』に変質……違和感造成」二〇一四年八月二〇日付〈https://www.yna.co.kr/view/AKR20140820147500001〉（二〇二三年九月二一日アクセス）
城北学習ポータル〈https://www.sb.go.kr/edu/〉（二〇二三年八月二〇日アクセス）
パク・サンジン（二〇一〇）「キリスト教代案学校類型化研究」『長神論壇』第三七集、一五三－一八七頁
『ハンギョレ』「『管理死角地帯』ホームスクーリング初等生９４１名……政府対策『０』」二〇二三年二月一五日付〈https://www.hani.co.kr/arti/society/schooling/1079725.html〉（二〇二三年九月二一日アクセス）
ユク・クォンイン／ペク・イルウ（二〇一六）「教育民営化の観点からのアメリカと韓国のホームスクーリング比較研究」『比較教育研究』第二六巻第六号、五五－八三頁

韓国の学校系統図

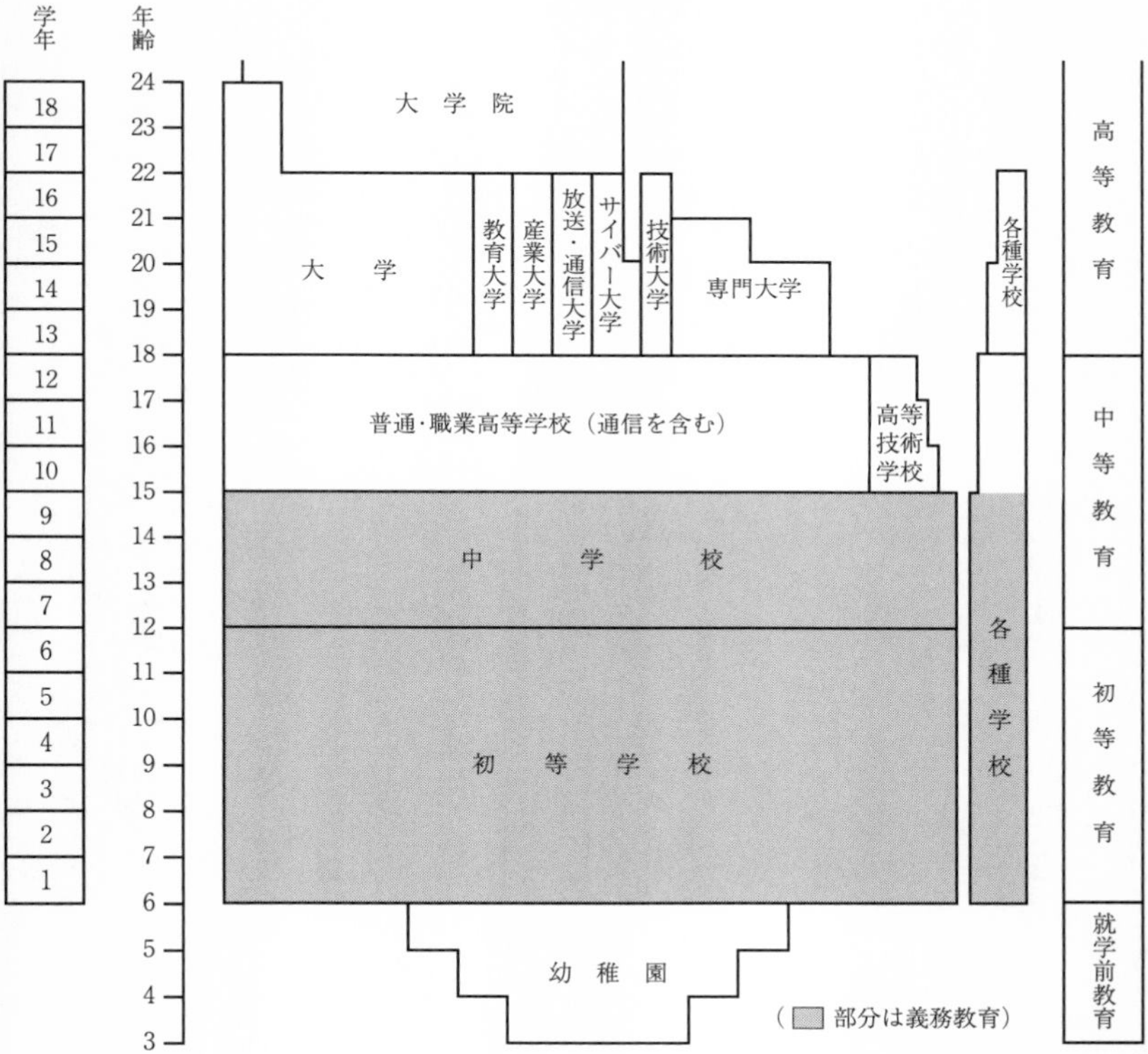

就学前教育——就学前教育は、3～5歳児を対象として幼稚園で実施されている。
義務教育——義務教育は、6～15歳の9年である。
初等教育——初等教育は、6歳入学で6年間、初等学校で行われる。
中等教育——前期中等教育は、3年間、中学校で行われる。後期中等教育は、3年間、普通高等学校と職業高等学校で行われる。普通高等学校は、普通教育を中心とする教育課程を提供するもので、各分野の英才を対象とした高等学校（芸術高等学校、体育高等学校、科学高等学校、外国語高等学校）も含まれる。職業高等学校は、職業教育を提供するもので、農業高等学校、工業高等学校、商業高等学校、水産·海洋高等学校などがある。
高等教育——高等教育は、4年制大学（医学部など一部専攻は6年）、4年制教育大学（初等教育担当教員の養成）、及び2年制あるいは3年制の専門大学で行われる。大学院には、大学、教育大学及び成人教育機関である産業大学の卒業者を対象に、2年～の修士課程と2年～の博士課程が置かれている。
成人教育——成人や在職者のための継続・成人教育機関として、放送·通信大学、産業大学、技術大学（夜間大学）、高等技術学校、放送・通信高等学校が設けられている。

（出典）文部科学省『諸外国の教育動向2022』

おわりに

韓国の教育を研究する者で、馬越徹の『現代韓国教育研究』（高麗書林 一九八一）を経てない者はいない。就学前から高等教育、社会教育に至るまで幅広い領域について網羅されている同書は、基礎的な情報はもちろん、日本との相違をどのようにとらえるかという視点を提供してくれる。研究者にとっても深く考えさせられる分析・考察が端的に示されるため、一般読者にとっても読みやすい。結局、同書に続く本はこの四〇年間刊行されていない。本書が同書の後継としての役割を果たせるかというとまだまだ足元にも及ばないというのが正直なところである。しかし、当時と異なり、さまざまな現代韓国教育研究者がそれぞれの専門に寄せながら、各章を執筆したという点では、研究者の層は厚くなったと言える。本書の執筆者のほかにも多くの現代韓国教育研究者がおり、執筆期間の都合上、広くお声がけすることができなかった点は、当時に比べれば贅沢な状況とも言えよう。

本書を編集した現代韓国教育研究会は、馬越徹先生の呼びかけにより現代韓国教育研究をおこなっていた有志が集まり、不定期に研究会を開催してきた。研究会といっても組織として運営されているわけではなく、ゆるい関係性を維持しながら、時々誰かしらからお誘いの連絡が流れ、韓国のフィールドスタディツアーをしたり、研究報告会を開催したり、韓国の有識者を招いた懇談会等を開催したりしてきた。定期的に開催されるわけではないが、研究会に参加するたびに現代韓国教育をマニアックに議論できる場であることを実感する（七・三〇や五・三一にピンときたらもう仲間である）。その研究会でちょうど一〇年前に立ち上がった企画が『現代韓国教育研究』に継ぐ概説本の出版企画であった。その時皆で原稿を出しあった記憶があるが、紆余曲折あり結局そこから一〇年たってしまった。韓国教育の変化の速さに振り回されたという言い訳は通じまいが、改めて諸外国の教育の概説を取りまとめることの大変さを感じた。本書が韓国教育を網羅的に紹介することをめざしたのは間違いないが、すべてを紹介できているわけではなく、やはり本書も韓国教育の一側面を紹介しているにすぎない。そしてまたあっという間に韓国教育も変化していくだろう。それでも現代韓国教育の魅力を発信し続けていきたい。そのことがわれわれ韓国教育研究の後進を教え導いてくださった故馬越徹先生のご遺志を継ぐことにもなると信じている。

最後に、本書の企画を快く引き受けてくださった明石書店の安田伸氏に心より御礼を申し上げたい。企画から編集に至るまで細やかなご助言をいただき、遅れがちな原稿についても丁寧に対応してくださった。

本書の原稿執筆にあたり、以下の科研費の助成を受けた。
15K17390、15H05201、16H02051、18K02380、19K02408、19K02547、19K02574、19K21799、19KK0051、20K02986、20K20421、22H00973、22H00976、22H00978、26381158

本書を契機に現代韓国教育に関心をもつ方が増え、両国の教育交流、研究交流が一層進展することを祈念したい。

故馬越徹先生に捧ぐ

編集者一同

松本麻人、石川裕之、田中光晴、出羽孝行

◎執筆者紹介（＊は編著者）

＊石川 裕之（いしかわ・ひろゆき）―― 第3章（1～3・コラム）・第7章（3）
京都ノートルダム女子大学国際言語文化学部教授。専門は比較教育学。大学院在学中に韓国の大学に交換留学。学生寮で慶尚道出身の韓国人ルームメイトと1年間暮らし、やや慶尚道訛（なま）りの韓国語が身につく。その韓国語も最近は鈍（なま）り気味。

小島 優生（こじま・ゆき）―― 第2章（1～4・コラム）
獨協大学国際教養学部教授。専門は教育行政学、比較教育学。大学院で韓国の教育行政を研究し始めた頃、世間は「ヨン様」に熱狂する第一次韓流ブームの真っ最中。というわけで通った語学学校で最初に学んだ会話は「ヨン様、チョアヘヨ？」。

＊田中 光晴（たなか・みつはる）―― 第6章（1・2・5・コラム）・第7章（1・コラム）
文部科学省総合教育政策局調査企画課専門職。専門は比較・国際教育学。韓国の学校外教育に関心がある。日韓共催ワールドカップの際に「赤い悪魔」として応援して以来、韓国にはまる。チェユクトッパプとの出会いは今でも忘れない。鳥致院をこよなく愛する韓国ウォッチャー。

＊出羽 孝行（でわ・たかゆき）―― 第4章（1～5・コラム）・第6章（3）・第7章（2）
龍谷大学文学部教授。専門は比較教育学、異文化間教育学。学部在学中に韓国・東国大学校慶州キャンパスに交換留学したのをきっかけに語学学院のテキストで朝鮮語を勉強してみる。就職後の2014年には念願のソウルにて師範学部客員教授生活を過ごす。

＊松本 麻人（まつもと・あさと）
―― はじめに・第1章（1～6・コラム）・第6章（4）・第7章（4）
名古屋大学大学院教育発達科学研究科准教授。専門は比較教育学。韓国の高等教育、特にその歴史に関心がある。1997年、韓国人の友人との出会いを通して韓国と縁ができる。汁物をつまみにソジュをやるアジョシにちょっと憧れている。

山本 以和子（やまもと・いわこ）―― 第5章（1～4・コラム）・装丁写真等
京都工芸繊維大学工芸科学部教授。専門は比較教育学、高等教育論。院生時代に韓国のフィールドスタディで刺激を受け、工芸品や建築を見に韓国内各所を歴訪。両班（ヤンバン）文化だけではなく、地元のシジャンも欠かさず行くといった生活臭のする文化・社会探訪も好き。

現代韓国の教育を知る
隣国から未来を学ぶ

2024年3月19日　初版第1刷発行

編著者　松本 麻人
　　　　石川 裕之
　　　　田中 光晴
　　　　出羽 孝行
発行者　大江 道雅
発行所　株式会社　明石書店
〒101-0021
東京都千代田区外神田6-9-5
TEL　03-5818-1171
FAX　03-5818-1174
https://www.akashi.co.jp/
振替　00100-7-24505

装丁：金子 裕
組版：朝日メディアインターナショナル株式会社
印刷・製本：モリモト印刷株式会社

（定価はカバーに表示してあります）　ISBN978-4-7503-5726-3

現代韓国を知るための61章【第3版】
エリア・スタディーズ 6　石坂浩一、福島みのり編著　◎2000円

韓国文学を旅する60章
エリア・スタディーズ 182　波田野節子、斎藤真理子、きむ ふな編著　◎2000円

韓国の暮らしと文化を知るための70章
エリア・スタディーズ 112　舘野晳編著　◎2000円

検定版 韓国の歴史教科書　高等学校韓国史
世界の教科書シリーズ 39　イ・インソクほか著　三橋広夫、三橋尚子訳　◎4600円

朝鮮総督府の土木官僚
植民地支配の社会基盤整備者
広瀬貞三著　◎5400円

植民地初期の朝鮮農業　植民地近代化論の農業開発論を検証する
許粋烈著　庵逧由香訳　◎8000円

朝鮮近代における大倧教の創設
檀君教の再興と羅喆の生涯
佐々充昭著　◎6800円

和解学の試み　記憶・感情・価値
和解学叢書①=原理・方法　浅野豊美編　◎4500円

教育のワールドクラス　21世紀の学校システムをつくる
アンドレアス・シュライヒャー著　経済協力開発機構（OECD）編
ベネッセコーポレーション企画・制作　鈴木寛、秋田喜代美監訳　◎3000円

学習環境デザイン　革新的教授法を導く教師のために
OECD教育研究革新センター編著
冨田福代監訳　篠原康正、篠原真子訳　◎3500円

異文化間教育ハンドブック　ドイツにおける理論と実践
イングリト・ゴゴリンほか編著
立花有希、佐々木優香、木下江美、クラインハーペル美穂訳　◎15000円

諸外国の初等中等教育
文部科学省編著　◎3600円

諸外国の高等教育
文部科学省編著　◎4200円

諸外国の生涯学習
文部科学省編著　◎3600円

諸外国の教育動向　2022年度版
文部科学省編著　◎3600円

図表でみる教育　OECDインディケータ（2023年版）
経済協力開発機構（OECD）編著　◎8600円

〈価格は本体価格です〉